KB204290

anger

화

마음의 불꽃을 식히는 지혜

틱낫한 지음, 허우성 · 허주형 옮김

운주사

차 례

부록

....

*이 책을 번역하는 데 있어 플럼빌리지 스님들의 관심과
조언이 큰 도움이 되었습니다. 깊이 감사드립니다.
－ 역자

서 문

행복의 실천

나에게 행복이라는 것은 고통을 줄이는 것입니다. 우리 속의 고통을 바꾸지 못하면, 행복해질 수 없을 겁니다.

많은 사람들이 자신의 외부에서 행복을 찾지만, 진정한 행복은 우리 안에서 나와야 합니다. 우리 문화에서 행복이란 많은 돈, 큰 권력, 사회 내의 높은 지위에서 온다고 말합니다. 하지만 주의 깊게 관찰해보면, 당신은 부유하고 유명한 사람의 대다수가 불행하다는 것을 알게 될 것입니다. 그들 중 많은 사람이 자살을 합니다.

부처님과 당시의 비구, 비구니는 옷 세 벌과 바루 하나 이외에 아무것도 소유하지 않았지만, 그들은 지극히 행복했습니다. 그들에게는 너무나 귀한 자유가 있었기 때문입니다.

부처님의 가르침에서 행복의 가장 기본적인 조건은 자유입니다. 여기서 말하는 자유는 정치적 자유가 아니라 화·절망·질투·미망 등 마음 작용(mental formations)으로부터의 자유를 말합니다. 부처님은 이런 마음 작용을 독毒이라고 하셨습니다. 이런 독들이 우리 마음에 있는 한 행복할 수 없습니다.

화에서 자유롭기 위해서는 기독교도, 무슬림, 불교도, 힌두교도, 유대교도 누구든 모두 수행해야 합니다. 우리는 부처님, 예수, 신, 모하메드에게 우리 마음에서 화를 없애달라고 할 수는 없습니다. 우리 안의 탐욕, 화, 그리고 혼란을 바꾸는 방법에 대한 구체적인 안내가 있습니다. 이런 안내에 따르고 우리의 고통을 잘 돌보는 방법을 배운다면, 우리는 다른 사람들도 똑같이 할 수 있게 도울 수 있습니다.

더 나아지기 위한 변화

부자지간에 서로 화가 나 있는 한 가족을 생각해 봅시다. 그들은 서로 소통하지도 못합니다. 아버지도 아들도 크게 괴로워합니다. 그들은 화에 갇혀 있고 싶지 않지만, 어떻게 극복할지는 모르고 있습니다.

좋은 가르침이란 그것을 당신의 삶에 직접 적용해서, 당신의 고통을 바꿀 수 있는 것입니다. 화가 나면, 당신은 지옥 불에 타는 것 같이 괴롭습니다. 당신이 절망이나 질투를 느끼면 당신은 지옥에 있는 것입니다. 당신은 실천하는 친구에게 가서 당신 속에 있는 화와 절망을 바꿀 수 있도록 실천하는 방법을 물어야 합니다.

고통을 덜어주는 자비로운 경청

사람의 말이 화로 가득 차 있으면, 그것은 그 사람이 큰 고통을 겪고 있기 때문입니다. 너무나 고통스러운 나머지 그의 마음은 쓴맛으로 가득합니다. 그는 언제든 자신의 문제에 대해 다른 사람에게 불평하고 비난할 준비가 되어 있습니다. 바로 이 때문에 당신은 그의 말이 듣기 불편하고, 그를 피하려고 합니다.

화를 이해하고 변화시키기 위해서 우리는 자비로운 경청과 사랑의 말을 하는 방법을 배워야 합니다. 보살―위대한 존재, 깨달은 자―은 크나큰 자비심을 가지고 있으며, 아주 깊이 들을 수 있는 분입니다. 그녀는 관세음보살 곧 아바로키테슈와라(Avalokiteshvara)라고 불리는 대자비의 보살입니다. 우리는 이 보살처럼 깊은 경청의 실천을 배워야 합니다. 그런 다음에야 우리는 비로소 소통을 회복하려고 도움을 청하는 사람들을 아주 구체적으로 안내해 줄 수 있습니다.

자비롭게 경청하면 상대는 고통을 적게 느낄 것입니다. 하지만 당신이 아무리 좋은 의도를 가지고 있더라도 자비로운 경청의 기술을 익히지 않으면 깊이 들을 수가 없습니다. 만일 당신이 한 시간 동안 조용히 앉아서 자비로운 마음으로 상대의 이야기를 들을 수 있다면, 당신은 그 사람의 고통을 크게 덜어줄 수 있습니다. 들을 때의 목적은 단 하나, 즉 상대가 자신을 표현하고 고통에서 벗어나게끔 하는 것입니다. 경청하는 내내 자비심을 발휘하십시오.

이야기를 듣는 동안 아주 집중해야 합니다. 최대한 주의 깊게, 전 존재─눈, 귀, 몸, 마음─로 듣는 데 집중해야 합니다. 듣는 척만 하고 당신의 100%가 듣지 않는다면, 상대는 그것을 알고 자신의 고통에서 위안을 받지 못하게 됩니다. 만일 당신이 마음챙김의 호흡법을 알고, 상대의 고통을 덜어주겠다는 소망에 계속 집중할 수 있다면, 당신은 듣는 동안 자비심을 유지할 수 있게 됩니다.

자비로운 경청은 아주 깊은 실천입니다. 심판하거나 비난하기 위해 듣는 것이 아닙니다. 오직 상대의 고통을 덜어주고 싶어서 듣는 것입니다. 아버지, 아들, 딸, 또는 파트너*가 다 그 상대일 수 있습니다. 상대의 말을 듣는 법을 배우는 것은 그

---

* 파트너: 이 책에서 파트너는 배우자, 연인 등을 의미하는 말로 쓰인다.(역주)

상대가 화와 고통을 변화시키는 데 정말로 도움이 될 수 있습니다.

폭발 직전의 폭탄

나는 북미에 사는 어느 가톨릭 여성을 알고 있습니다. 그녀는 남편과의 관계가 어려워서 매우 고통스러워하고 있었습니다. 그들은 교양 있는 가족으로 두 사람 모두 박사 학위가 있었습니다. 그런데 남편은 아주 괴로워했습니다. 그는 아내와 자녀 모두와 전쟁 중이었습니다. 아내와 아이들에게 말조차 건넬 수 없었습니다. 그는 폭발 직전의 폭탄과 같아서 가족 모두가 그를 피하고 있었습니다. 그의 화는 엄청났습니다. 아무도 그에게 다가오고 싶어 하지 않기에 그는 아내와 아이들이 자신을 경멸한다고 믿었습니다. 하지만 실제로는 아내도 아이들도 그를 경멸하지 않았습니다. 단지 그들은 그를 무서워했습니다. 언제든 폭발할 수 있기에, 그와 가까이 있는 것이 위험했던 것입니다.

어느 날 아내는 더 이상 버틸 수 없었던 나머지 자살하려 했습니다. 더 이상 그런 상태로 살아갈 수 없다고 생각했습니다. 하지만 그녀는 자살하기 전에, 불교 수행자였던 친구에게 전화해서, 자신이 하려던 일을 알려주었습니다. 그 불교 신자는 친구의 고통이 줄도록 그때까지 여러 번 명상 수행에 초대했지만, 그녀는 언제나 거절해 왔습니다. 그녀는 자신이 가톨릭 신자이므로 불교 수행을 하거나 그 가르침을 따를 수는 없다고 설명했습니다.

그날 오후 그 불교도 여성은 친구가 곧 자살하려는 것을 알게 되자, 전화로 이렇게 말했습니다. "너는 내 친구라고 하면서 이제 죽으려고 하는구나. 내가 유일하게 부탁한 건 내 스승의 말씀을 들어보라는 건데 네가 거절했어. 네가 정말로 내 친구라면 제발 택시를 타고 와서 법문 테이프를 들어봐. 죽는 건 그다음에 해도 돼."

그 가톨릭 여성이 도착했을 때 친구는 그녀를 거실에 혼자 앉혀두고 소통 회복에 대한 법문을 듣게 했습니다. 한 시간이나 한 시간 반 정도 법문을 듣자, 그녀 내부에서 아주 깊은 변화가 생겼습니다. 그녀는 여러 가지를 알게 되었습니다. 자신의 고통에 대해 스스로도 일부 책임이 있음을, 그리고 그녀도 남편을 상당히 괴롭혔음을 알았습니다. 그녀는 자신이 남편을 전혀 도와주지 않았다는 사실을 깨달았습니다. 그녀가 남편을 피하면서 사실상 남편의 고통을 나날이 더 무겁게 만들었습니다. 그녀는 법문을 듣고 타인을 돕기 위해서는 자비심을 가지고 경청할 수 있어야 한다는 점을 배웠습니다. 그것은 그녀가 지난 5년 동안 할 수 없었던 일이었습니다.

폭탄 해체하기

법문을 듣고 그녀는 크게 영감을 받았다고 느꼈습니다. 그녀는 곧장 집으로 가서 경청을 실천하여 남편을 도와주고 싶어졌습니다. 하지만 그녀의 불교도 친구는 말했습니다. "아니야, 친구야. 오늘은 무리야. 자비심으로써 듣는 것은 아주 깊은 가르침이야. 네가 보살처럼 들으려면 최소한 두 주는 스스로 수련해야 해." 그리고 그녀는 가톨릭 친구가 더 깊이 배우도록 수련회에 초대했습니다.

수련회에 모두 450명이 참석했고, 6일 동안 함께 먹고, 자고, 수행했습니다. 그동안 우리는 마음챙김 호흡을 수행하고, 들숨과 날숨을 알아차리며 각자의 몸과 마음을 하나로 모았습니다. 우리는 마음챙김 걷기를 하면서, 한 걸음 한 걸음에 자신의 전부를 쏟았습니다. 마음챙김 호흡, 마음챙김 걷기, 마음챙김 앉기를 하며 우리 안의 고통을 관찰하고 안아주었습니다.

참석자들은 법문을 듣는 것만이 아니라, 모두가 상대에 경청하는 기술, 그리고 사랑이 담긴 말을 하는 기술도 연습했습니다. 상대의 고통을 이해하기 위해 경청하도록 노력했습니다. 가톨릭 여성은 아주 진지하게 아주 깊이 실천했습니다. 그녀에게 이건 생사가 걸린 문제였기 때문입니다.

수련회에서 돌아온 이후 그녀는 아주 차분해졌고 자비심으로 가득 찼습니다. 그녀는 남편이 자신 안에 있는 폭탄을 제거할 수 있도록 진심으로 도우려 했습니다. 그녀는 아주 천천히 움직이고 숨을 쉬면서 평온을 유지하고 자신의 자비심을 길렀습니다. 그녀는 마음챙김을 하면서 걸었고, 남편은 그녀가 달라졌음을 알아차렸습니다. 마침내 그녀는 남편 옆에 조용히 앉았습니다. 지난 5년 사이에 처음 있는 일이었습니다.

그녀는 긴 시간, 아마도 10분 정도 침묵했습니다. 그리곤 자기 손을 남편의 손 위에 포개며 이렇게 말했습니다. "여보, 지난 5년 아주 괴로워했던 걸 알고 있어요. 미안해요. 당신의 고통에 내가 큰 책임이 있다는 것도 알고 있어요. 당신이 덜 괴로워하게 도와줄 수도 없었고, 오히려 상황만 더 악화시켰어요. 많이 실수했고, 당신을 크게 괴롭혔어요. 너무 미안해요. 새로 시작할 기회를 줬으면 해요. 당신을 행복하게 해주고 싶은데, 어떻게 하는지를 몰랐어요. 그래서 매일 상황을 더 악화시켰죠. 더 이상 이렇게 계속하고 싶지는 않아요. 그러니 내 사랑, 절 좀 도와주세요. 당신을 더 잘 이해하고 더 사랑하는 데는 당신의 도움이 필요해요. 제발 당신의 속마음을 말해주세요. 당신이 무척 괴로워한다는 걸 아는데, 당신의 고통을 알아야 제가 과거에 했던 그런 잘못을 되풀이하지 않게 돼요. 당신의 도움 없이는 그렇게 못해요. 내가 당신에게 더 이상 상처를 주지 않도록 저를 도와주세요. 당신을 그저 사랑하고 싶을 뿐이에요." 아내가 이렇게 말하자, 남편은 울기 시작했습니다. 그는 어린아이처럼 울었습니다.

오랫동안 그의 아내는 계속 뚱하게 있었습니다. 그녀는 항상 소리를 질렀고 하는 말은 화, 신랄함, 비난과 비판으로 가득 차 있었습니다. 그들은 늘 말다툼만 했습니다. 그녀는 지난 몇 년간 오늘같이 큰 사랑과 부드러움을 담아 말한 적이 없었습니다. 남편이 우는 것을 보고 그녀는 이제 기회가 왔다는 걸 알았습니다. 남편의 마음의 문은 닫혀 있다가 이제 다시 열리기 시작했습니다. 그녀는 매우 조심해야 한다는 것을 알고 있었으므로 마음챙김의 호흡 수행을 계속했습니다. 그녀는 "여보, 당신의 속마음을 말해주세요. 더 잘하기를 배워서 실수를 반복하고 싶지 않아요."

부인도 지식인이며 남편처럼 박사 학위 소지자였으나, 두 사람 모두 상대를 자비롭게 경청하는 법을 몰랐기 때문에 고통스러워했습니다. 그러나 그날 밤 그녀는 훌륭했고 자비로운 경청을 성공적으로 실천했습니다. 두 사람 모두에게 정말 치유가 되는 밤이었습니다. 불과 몇 시간 만에 그들은 서로 화해할 수 있었습니다.

올바른 가르침, 올바른 실천

바르게 실천하고, 잘 실천한다면, 변화와 치유를 낳는 데 5년, 10년은 필요 없습니다. 몇 시간이면 충분합니다. 나는 그 가톨릭 여성이 그날 밤 매우 성공적이었음을 알고 있습니다. 왜냐하면 그녀는 남편을 설득해서 두 번째 수련회에 신청할 수 있었기 때문입니다.

2차 수련회도 6일간 이어졌고, 수련회가 끝날 무렵 남편에게 큰 변화가 일어났습니다. 차마시기 명상을 하는 동안 그는 다른 수련자들에게 자신의 아내를 다음과 같이 소개했습니다. "친애하는 친구 여러분, 동료 수행자 여러분, 여러분에게 저는 보살 한 분, 위대한 존재를 소개해드리고 싶습니다. 제 아내이고 위대한 보살입니다. 지난 5년 동안 저는 그녀를 너무나 괴롭혔고, 정말로 어리석었습니다. 그러나 그녀는 실천을 통해 모든 것을 바꿨습니다. 그녀가 제 목숨을 구해주었어요." 그 후 그들은 자신들의 지난 일들과 어떻게 수련회에 참가하게 됐는지 이야기했습니다. 그들은 자신들이 어떻게 깊이 화해하고 사랑을 새롭게 할 수 있었는지도 이야기했습니다.

농부가 비료를 사용했는데 아무 효과가 없다면 비료를 바꿔야 합니다. 우리도 마찬가지입니다. 몇 개월이 흘러도 자신이 하는 실천이 아무런 변화나 치유를 가져오지 못한다면, 상황을 재고해 봐야 합니다. 우리는 접근 방식을 바꾸고 공부를 깊게 해서 자기 자신과 사랑하는 사람들의 인생을 바꿀 수 있도록 올바른 실천을 찾아야만 합니다.

올바른 가르침과 올바른 실천을 배운다면, 우리는 누구라도 같은 일을 할 수 있습니다. 가톨릭 여성처럼 실천을 생사의 문제로 보고, 아주 진지하게 실천할 수 있다면, 당신은 모든 것을 바꿀 수 있습니다.

행복을 가능하게 하는 것

우리는 정교한 통신 수단이 즐비한 시대에 살고 있습니다. 정보는 순간적으로 지구 반대편으로 이동합니다. 그런데 바로 이때 사람과 사람, 아버지와 아들, 남편과 아내, 어머니와 딸 사이의 소통은 극도로 어려워졌습니다. 소통을 회복할 수 없다면 결코 행복해질 수 없습니다. 불교 가르침에는 자비로운 경청의 실천, 사랑으로 말하는 실천, 화를 돌보는 실천이 매우 명확하게 제시되어 있습니다. 우리는 소통을 회복하고 우리 가족과 학교와 지역사회에 행복을 가져다주기 위해, 깊은 경청과 사랑의 말에 대한 부처님의 가르침을 실천해야 합니다. 그러면 우리는 세상의 다른 사람들에게 힘이 될 수 있습니다.

1장 화의 소비

우리는 모두 어떻게 화를 취급하고 돌보아야 할지 알아야 합니다. 화의 뿌리는 마음만이 아니라 몸에도 존재하기 때문에, 이를 위해서는 화의 생화학적 측면에 더 주의를 기울여야 합니다. 화를 분석하면 그 생리적인 요인을 볼 수 있습니다. 일상생활 중에 우리가 어떻게 먹고, 마시고, 소비하고, 자신의 몸을 어떻게 취급하고 있는지 깊이 살펴보아야 합니다.

화는 마음만의 문제가 아니다

우리는 부처님의 가르침에서 몸과 마음이 별개가 아니라는 사실을 배웁니다. 몸이 마음이고, 동시에 마음이 몸입니다. 육체적인 것과 정신적인 것은 서로 연결되어 있어서 분리할 수 없으니, 화는 정신적인 실재만이 아닙니다. 불교에서 몸과 마음의 작용을 나마루파(名色)라고 부릅니다. 나마루파는 마음·육체(psyche-soma), 곧 하나의 실재입니다. 동일한 실재가 때론 마음으로 때론 몸으로 나타납니다.

과학자들은 소립자의 성질을 자세히 살펴보고 그것이 때로는 파동(wave)으로, 때로는 입자(particle)로 나타난다는 것을 발견했습니다. 파동은 입자와 상당히 다릅니다. 파동은 오직 파동일 뿐 입자가 될 수 없습니다. 입자는 입자일 뿐 파동이 될 수 없습니다. 그러나 파동과 입자는 같은 것입니다. 그래서 파동이나 입자라고 부르는 대신 파동과 입자라는 단어를 결합하여 "파립자(波粒子, wavicle)"라고 부릅니다.* 이것은 과학자들이 소립자에 붙인 이름입니다.

몸과 마음도 마찬가지입니다. 우리의 이원론적 견해는 마음이 몸이 될 수 없고 몸이 마음이 될 수 없다고 말합니다. 그러나 깊이 들여다보면 몸이 마음이고 마음이 몸임을 알 수 있습니다. 우리가 몸과 마음을 완전히 별개로 보는 이원성을 극복할 수 있다면 진리에 매우 가까이 다가가게 됩니다.

많은 사람들이 몸에 일어나는 일이 마음에도 일어나고 그 반

---

* wavicle의 번역어 "波粒子"는 일역 『怒り: 心の炎を静める知恵』, 오카다 나오코岡田直子(河出文庫, 2021), p.33에서 가져왔다. 한국에서도 일부 물리학자는 이 개념을 사용하는 것 같다.(역주)

대도 같다는 것을 깨닫기 시작했습니다. 현대 의학은 몸의 질병이 마음의 질병 때문일 수도 있다는 사실을 알고 있습니다. 그리고 우리 마음의 질병은 우리 몸의 질병과 연결될 수 있습니다. 몸과 마음은 별개의 두 실체가 아니라 하나입니다. 화를 돌보려면 몸을 잘 돌보아야 합니다. 따라서 우리가 먹는 방식, 소비하는 방식은 매우 중요합니다.

우리는 우리 자신이 먹는 것으로 이루어진다

우리의 화, 좌절, 절망감은 우리의 몸이나 먹는 음식과 깊은 관계가 있습니다. 화와 폭력으로부터 자신을 지키려면 먹고 소비하는 방식에 대해 전략을 짜야 합니다. 먹는 것은 문명의 한 단면입니다. 우리가 식량을 재배하는 방식, 먹는 음식의 종류, 먹는 방식은 문명과 깊이 관련되어 있습니다. 왜냐하면 우리의 선택이 세상에 평화를 가져오고 고통을 덜어줄 수 있기 때문입니다.

　우리가 먹는 음식은 화에 매우 중요한 역할을 합니다. 음식 안에 화가 들어가 있기도 합니다. 우리가 광우병에 걸린 동물의 고기를 먹으면 그 속에 화가 들어 있습니다. 그러나 우리는 우리가 먹는 다른 종류의 음식도 살펴보아야 합니다. 우리는 달걀이나 닭고기를 먹을 때 거기에도 화가 많이 들어 있다는 걸 압니다. 우리는 화를 먹으니까 화를 내는 것입니다.

오늘날 닭은 대규모 현대식 양계장에서 사육되고 있는데, 걷거나 뛸 수도 없고, 흙 속에서 먹이를 찾지도 못합니다. 인간이 먹여주는 것만을 먹고 자랍니다. 그들은 작은 닭장에 갇혀서 몸을 움직이지도 못합니다. 밤낮으로 서 있어야 합니다. 걷거나 달릴 권리가 없다고 상상해 보세요. 당신이 밤낮으로 한 곳에만 계속 머물러야 한다고 상상해 보세요. 당신도 화가 날 것입니다. 마찬가지로 닭들도 화가 나 있습니다.

닭이 더 많은 알을 낳도록 사육사들은 인공적인 낮과 밤을 만들기도 합니다. 그들은 실내조명으로 낮과 밤을 더 짧게 만들어서 닭들이 24시간이 지났다고 착각하게 하고, 더 많은 알을 낳도록 합니다. 이러한 닭들은 많은 화와 좌절, 고통을 안고 있습니다. 분노와 좌절을 발산하기 위해 닭들은 옆에 있는 닭을 공격합니다. 부리로 서로를 쪼고 상처를 냅니다. 그들은 서로 피 흘리게 하고 고통스럽게 하고 죽이기도 합니다. 그래서 이제는 닭들이 좌절감에서 서로를 공격하는 것을 막기 위해 부리를 자릅니다.

결국 그런 닭의 살코기나 달걀을 먹으면 우리는 동시에 화와 좌절을 먹는 것입니다. 그러니 주의하세요. 무엇을 먹는지 조심하세요. 당신이 화를 먹으면 스스로 화가 되어 화를 표출하게 됩니다. 절망을 먹으면 절망을 표출하게 되지요. 좌절감을 먹으면 좌절감을 표출하게 됩니다.

우리는 행복한 닭이 낳은 행복한 달걀을 먹어야 합니다. 우리는 화난 소에서 짜내지 않은 우유를 마셔야 합니다. 자연에서 키운 소에서 나온 유기농 우유를 마셔야 합니다. 우리는 사육사들이 동물들을 좀 더 인도적으로 키우도록 지원하는 노력을 해야 합니다. 또한 유기농으로 재배한 야채를 사야 합니다. 더 비쌀 수 있지만 그 대신에 먹는 양을 줄이면 됩니다. 우리는 적게 먹는 법을 배울 수 있습니다.

다른 감각들로 화를 소비하기

우리는 먹는 음식으로 화에 양분을 공급할 뿐만 아니라 눈과 귀와 의식으로 소비하면서도 화를 키웁니다. 문화적인 아이템을 소비하는 것도 화와 관련이 있으므로, 소비활동에 대한 전략을 세우는 것이 아주 중요합니다.

우리가 잡지에서 읽는 것, 텔레비전에서 보는 것에도 독성이 있을지도 모릅니다. 그 안에 화와 좌절이 들어 있을 수도 있습니다. 영화 한 편은 쇠고기 스테이크 한 조각과 같습니다. 그 안에 화가 들어 있을 수도 있습니다. 그런 영화를 본다는 건 화나 좌절을 먹는 것과 마찬가지입니다. 신문 기사, 심지어 대화에도 화가 많이 들어 있을지도 모릅니다.

때때로 외로워서 누군가와 이야기하고 싶을 수도 있습니다. 1시간 동안의 대화를 통해 상대의 말에 들어 있는 많은 독소가 당신을 중독시킬 수 있습니다. 당신은 많은 화를 삼켜서 나중에 표출할 수 있습니다. 그래서 마음챙김으로 하는 소비가 매우 중요합니다. 당신이 뉴스를 듣거나 신문 기사를 볼 때, 무언가에 대해 타인과 논의할 때, 당신은 부주의하게 마음챙김 없이 먹을 때와 마찬가지로 같은 종류의 독을 섭취하는 것 아니겠습니까?

보다 좋은 것을 보다 적게 먹기

슬픔과 우울을 잊기 위해 먹는 것으로 도피하는 사람들이 있습니다. 과식은 소화기관에 부담을 주어서 화를 일으킬 수도 있습니다. 또한 에너지를 과잉 생산할 수 있습니다. 이 에너지를 어떻게 다루어야 할지 모르면, 화, 섹스, 폭력의 에너지가 될 수 있습니다.

양질의 좋은 식사를 한다면, 덜 먹을 수 있습니다. 우리는 매일 먹고 있는 양의 절반으로도 충분할 것입니다. 질 좋은 식사를 위해서는 음식을 삼키기 전에 50번 정도 씹어야 합니다. 입 안의 음식이 액상이 될 정도로 천천히 씹어 먹으면, 장을 통해 훨씬 더 많은 영양소를 흡수하게 될 것입니다. 잘 먹고 주의 깊게 씹는 편이, 많이 먹지만 덜 소화시키는 것보다 더 많은 영양소를 얻을 수 있습니다.

먹는 것도 깊은 수행입니다. 저는 먹을 때 한 입 한 입을 즐깁니다. 저는 먹는 음식 자체도 생생하게 의식하고, 제가 먹고 있다는 사실도 알아차립니다. 우리는 무엇을 씹고 있는지 의식하면서, 마음챙김 먹기를 수행할 수 있습니다. 우리는 매우 주의 깊게, 그리고 즐겁게 씹습니다. 때때로 우리는 씹는 행위를 잠시 멈추고 주변의 친구, 가족 또는 수행자 공동체인 승가를 느껴도 좋습니다. 우리가 아무런 걱정도 없이 여기 앉아서 음식을 씹고 있다는 건 멋진 일입니다. 마음챙김을 해서 먹을 때면, 우리는 우리의 화, 불안 또는 우리의 프로젝트를 먹지도 씹지도 않게 됩니다. 우리는 누군가가 사랑을 담아 준비한 음식을 씹고 있습니다. 매우 즐거운 일입니다.

입안의 음식이 거의 액체 상태가 되면 그 맛을 더욱 진하게 느끼게 되고 음식이 정말 맛있지요. 오늘 당신도 이렇게 한번 씹어보십시오. 입의 움직임 하나하나를 생생하게 의식하십시오. 음식이 정말로 맛있다는 사실을 알게 될 것입니다. 버터나 잼은 하나도 없이, 빵밖에 없을지도 모릅니다. 그래도 좋아요. 두유와 함께 할 수도 있겠지요. 저는 절대 두유를 마시지 않고, 씹어 먹습니다.* 빵 한 조각을 입에 넣어 한동안 마음챙김을 하면서 씹다가 두유를 한 숟가락 떠먹습니다. 입에 넣고 생생

하게 의식하면서 계속 씹습니다. 두유와 빵을 씹는 것만으로
도 얼마나 맛있는지 모릅니다.

음식이 액상이 되어 침과 섞이면 이미 절반은 소화된 것입니
다. 따라서 위와 장에 도달하면 소화가 매우 쉬워집니다. 빵과
두유에 들어 있는 대부분의 영양소가 우리 몸에 흡수됩니다.
씹는 동안 많은 기쁨과 자유를 느낄 수 있습니다. 이렇게 먹는
다면 자연스레 적게 먹게 될 것입니다.

먹을 때 자신의 눈을 조심하십시오. 눈을 믿지 마세요. 눈은
당신에게 필요 이상으로 많이 먹도록 합니다. 그렇게 많이 필
요하지도 않은데 말이죠. 마음챙김을 해서 즐겁게 먹는 법을
알면, 눈이 먹으라는 양의 절반만 먹어도 된다는 사실을 알게
됩니다. 한번 해보세요. 애호박, 당근, 빵, 두유와 같은 아주 간
단한 것을 씹는 것만으로도 당신 인생 최고의 식사가 될 수 있
습니다. 멋진 일이지요.

프랑스에 있는 우리 수행 센터 플럼빌리지에 있는 많은 사람
이 이런 식으로 마음챙김을 해서, 아주 천천히 씹어 먹는 경험
을 합니다. 이렇게 먹어보세요. 당신의 몸, 따라서 정신과 의식
상태가 훨씬 나아집니다.

---

* 'milk'를 두유로 번역한 것은 오카다의 일역 『怒り : 心の炎を静める知
  恵』를 따랐다. 실제로 틱낫한은 닭이나 암소가 겪는 고통을 보고 비건
  (vegan), 곧 철저한 채식주의자가 되었다고 한다.(역주)

우리의 눈은 위보다 큽니다. 우리는 우리에게 꼭 필요한 음식의 양을 정확히 알 수 있도록 마음챙김의 에너지를 눈에 보내야 합니다. 승려가 사용하는 그릇은 한자漢字로 응량기應量器로 불리고, "적절한 양을 재는 바루"를 의미합니다. 우리는 눈에 속지 않으려고 이런 그릇을 사용합니다. 바루를 채우는 정도면 대체로 충분하다는 것을 알아서, 그 양만큼만 섭취합니다. 그런 식으로 식사할 수 있다면 식품을 적게 사도 됩니다. 식품을 덜 구매하면, 좀 고가인 유기농 식품을 살 수 있는 여유가 생깁니다. 이것은 우리가 혼자 또는 가족과 함께 할 수 있는 일입니다. 유기농 식품을 재배해서 생계를 꾸려가고자 하는 농가에게도 큰 도움이 됩니다.

제5의 마음챙김 수행법

우리 모두는 사랑하고 봉사하고자 하는 의지를 바탕으로 한 식습관이 필요합니다. 이는 우리의 지성에 기반한 식습관입니다. 5가지 마음챙김 수행법은 세상과 우리 개개인이 고통에서 벗어나는 방법입니다.(전문은 부록 A참조) 우리가 소비하는 방식을 깊이 들여다보는 것이 제5의 마음챙김 수행법입니다.

이 마음챙김 수행은 마음챙김으로 하는 섭식, 우리와 사회를 고통으로부터 해방시킬 수 있는 식단을 따르는 수행입니다.

우리는 마음챙김 없이 하는, 무분별한 섭식이 낳는 고통을 알기에, 다음과 같이 약속합니다.

마음챙김을 하면서 먹고 마시고 소비함으로써 나와 내 가족과 사회를 위해 심신 양면의 건강을 증진할 것을 서원합니다. 나는 나의 몸과 의식 속에서, 그리고 내 가족과 공동체가 가진 집단적인 몸과 의식 속에서 평화, 안녕, 기쁨을 보존하는 음식물만을 섭취할 것을 서원합니다. 나는 알코올이나 다른 마약을 섭취하지 않기로, 그리고 독성이 있는 음식이나 특정한 TV 프로그램, 잡지, 책, 영화, 대화 같은 것도 섭취하지 않기로 결심합니다.

당신이 화, 좌절, 절망을 돌보고 싶다면 이런 마음챙김 수행법에 따라 살아갈 것을 고려해 볼 만합니다. 마음챙김을 하면서 술을 마시면 그것이 고통을 낳고 있음을 알 수 있습니다. 음주는 몸과 마음의 병을 낳고, 객사에 이르게 합니다. 주류를 제조하는 것도 고통을 낳습니다. 제조하는 데 곡물을 사용하여 세계의 식량 부족과도 연관이 있습니다. 먹고 마시기에 대한 마음챙김은 우리에게 고통에서 해방하는 통찰력을 줄 수 있습니다.

사랑하는 사람과 함께, 설령 그들이 아직 어리더라도, 가족과 함께 마음챙김 소비 전략에 대해 논의하십시오. 아이들도 이해할 수 있으니 이러한 논의에 참여해야 합니다. 무엇을 먹을지, 무엇을 마실지, 어떤 텔레비전 프로그램을 볼지, 무엇을 읽을지, 어떤 대화를 나눌지, 그들과 함께 결정할 수 있습니다. 이 소비 전략은 당신 자신을 보호하기 위한 것입니다.

우리가 소비하는 모든 것에 주의를 기울이지 않고서는 화와 화의 대처법에 대해 말할 수 없습니다. 화는 이런 것들과 분리되어 있지 않기 때문입니다. 마음챙김 소비 전략에 대해 당신의 공동체와 이야기하십시오. 플럼빌리지에서는 우리 자신을 보호하기 위해 최선을 다합니다. 우리는 화, 좌절, 두려움을 키우는 것들을 소비하지 않으려고 노력합니다. 더 나은 마음챙김 소비를 하기 위해, 우리가 무엇을 먹고, 어떻게 먹고, 어떻게 적게 구매하고, 어떻게 더 양질의 음식을 먹을 수 있는지, 정기적으로 논의해야 합니다. 이는 먹는 음식과 우리의 감각들로 소비하는 음식, 양쪽 모두에 해당합니다.

2장 화의 불길을 끄다

자신의 집을 지키다

어떤 사람이 우리를 화나게 하는 언동을 하면 우리는 고통을 받습니다. 그러면 우리는 우리가 덜 괴로워질 요량으로, 말이나 행동으로 상대에게 고통을 주는 경향이 있습니다. 우리는 '당신을 벌주고 싶어, 나를 괴롭혔으니 당신도 괴로워해 봐, 그리고 네가 많이 고통스러워하는 걸 보면 내 기분이 좋아질 거야'라고 생각합니다.

많은 사람이 이런 유치한 관행을 믿는 경향이 있습니다. 사실은 당신이 상대를 힘들게 하면 상대도 자신의 고통을 줄이기 위해 당신을 더 힘들게 할 것입니다. 그 결과 양측의 고통은 커질 것입니다. 두 사람 모두에게 필요한 건 자비심과 도움입니다. 벌이 아니지요.

화가 나면 스스로를 되돌아보고 화를 잘 돌보세요. 그리고 누군가가 당신을 괴롭히면, 자신을 되돌아보고 당신의 고통과 화를 돌보세요. 아무 말도, 아무 일도 하지 마시고요. 홧김에 하는 언동은 관계를 더욱 악화시킵니다.

하지만 이를 실천하는 사람은 그리 많지 않습니다. 우리는 자신을 되돌아보고 싶어 하지 않아요. 벌을 주려고 상대를 따라다니고 싶어 합니다.

당신의 집에 불이 났다고 해봅시다. 가장 급한 일은 집에 돌아가 불을 끄는 것이지, 방화범으로 의심되는 사람을 쫓아가는 일이 아닙니다. 당신이 의심되는 그 사람을 쫓아가는 동안, 당신의 집은 전부 타버리고 말 것입니다. 현명하지 못하지요. 우선 집으로 돌아가서 불을 꺼야 합니다. 따라서 화가 났을 때 상대를 계속 상대하거나 말다툼하거나 벌주려고 하면, 모든 것이 활활 타는데 방화범을 쫓아가는 사람과 똑같이 행동하는 것입니다.

화의 불길을 식히는 도구

부처님께서는 우리 마음속의 불꽃을 끄기 위해 아주 효과적인 도구를 주셨습니다. 그것은 마음챙김 호흡과 마음챙김 걷기를 하는 방법, 화를 안아주는 방법, 우리 자신이 사물을 인식하는 방식의 특성을 깊이 들여다보는 방법, 그리고 상대를 깊이 들여다보고 상대도 괴로워하고 있다는 것과 그도 도움이 필요하다는 것을 깨닫는 방법입니다. 이런 방법들은 부처님께서 직접 설하신 아주 실용적인 방법입니다.

의식적으로 숨을 들이쉬는 것은 공기가 몸으로 들어오는 것을 아는 것이고, 의식적으로 내쉬는 것은 몸이 공기를 교환하고 있음을 아는 것입니다. 따라서 당신은 공기와 당신의 몸과도 접촉하고 있는데, 당신 마음이 이 모든 것에 집중하고 있으므로, 당신은 당신 마음과도 접촉하고 있습니다. 있는 그대로요. 자신과 주변의 모든 것과 접촉하는 데 필요한 것은 그저 단 한 번의 의식적인 호흡으로 충분하며, 그 상태를 유지하기 위해서는 의식적인 호흡을 세 번 하면 됩니다.

당신이 서 있지도 않고 앉아 있지도 않고 누워 있지도 않다면 항상 어딘가로 가고 있습니다. 하지만 어디로 가시나요? 당신은 이미 도착했습니다. 한 발짝 내디딜 때마다 바로 이 순간에 도착할 수 있고, 정토나 하나님의 나라에 들어갈 수 있습니다. 방 한 쪽에서 다른 쪽으로 또는 한 건물에서 다른 건물로 걸어갈 때, 발이 땅에 닿는 감각을, 공기가 몸으로 들어오면서 몸에 닿는 감각을 생생히 알아차리십시오. 그러면 숨을 들이마실 때나 숨을 내쉴 때 각각 몇 걸음씩 편히 걸을 수 있는지를 알아내는 데 도움이 될 수 있습니다. 숨을 들이쉬면서 "들이쉰다"고 말하고 숨을 내쉬면서 "내쉰다"고 말하세요. 그러면 온종일 걷기 명상을 수행하는 셈입니다. 그것은 언제라도 가능한 수행으로, 우리의 일상을 변화시키는 힘을 가지고 있습니다.

다양한 영적 전통에 관한 책을 읽거나 의례를 행하는 것을 좋아하는 사람은 많지만, 실제로 그 가르침을 그다지 실천하고 싶어 하지는 않습니다. 우리가 실천할 의지만 있다면 어떤 종교나 영적 전통에 속해 있든, 그 가르침은 우리를 변화시킬 수 있습니다. 우리는 불의 바다를 서늘한 호수로 바꿀 수 있습니다. 그러면 우리는 고통을 그치게 할 수 있을 뿐만 아니라, 주변의 많은 사람에게 기쁨과 행복의 원천이 될 수도 있습니다.

화가 났을 때 어떤 얼굴을 하고 있습니까?

화가 날 때마다 거울을 꺼내 당신 자신을 보십시오. 화났을 때, 당신은 그다지 아름답지도 멋지지도 않습니다. 얼굴에 있는 수백 개의 근육이 매우 긴장되어 있습니다. 언제라도 폭발할 것 같은 폭탄과 같은 얼굴이 되어 있습니다. 화난 사람을 한번 보세요. 그녀가 긴장한 모습을 보면 당신은 겁에 질립니다. 그 사람 안에 있는 폭탄은 언제라도 폭발할 수 있습니다. 따라서 화가 난 순간 자신을 보는 것이 정말 도움이 됩니다. 그것은 마음챙김의 종소리와 같습니다. 그런 자신을 보면, 당신은 그것을 바꾸기 위해 무언가를 하고 싶어질 것입니다. 당신은 더 아름답게 보이기 위해 무엇을 해야 하는지 알고 있습니다. 화장품 같은 것도 필요하지 않습니다. 당신은 단지 평화롭게, 차분하게 숨쉬고, 마음챙김을 하면서 미소를 짓기만 하면 됩니다. 한두 차례 해주면 훨씬 더 보기 좋아집니다. 거울을 들여다보며 차분하게 숨을 들이쉬고, 미소 지으며 내쉬어 보세요. 그러면 마음이 편안해질 것입니다.

화는 정신적, 심리적 현상이지만, 생물학적, 생화학적 요소와 밀접하게 관련되어 있습니다. 화를 내면 근육이 긴장되지만 미소를 지으면 긴장이 풀리고 화도 줄어들 것입니다. 미소는 마음챙김의 에너지를 당신 안에 생성시켜서 화를 안아주려는 당신을 돕습니다.

옛날에 왕과 왕비의 신하들은 항상 거울을 몸에 지니고 다녔습니다. 왜냐하면 왕에게 불려 나갈 때는 모습이 완벽해야 했기 때문입니다. 그래서 작은 거울을 넣는 주머니를 에티켓으로 가지고 다녔습니다. 한번 해보세요. 거울을 가지고 다니며 자신이 어떤 상태에 있는지를 확인해보세요. 몇 번 숨을 들이쉬고 내쉬고, 자신을 향해 미소 짓고 나면, 긴장이 풀리고 마음은 좀 편안해질 것입니다.

마음챙김의 햇살로 화를 안아주기

화는 아파서 울부짖는 아기와 같습니다. 아기는 안아줄 어머니가 필요합니다. 당신은 화라는 아기의 어머니입니다. 마음챙김 호흡을 시작하는 바로 그 순간, 아기를 안아주고 품어주는 어머니의 에너지가 당신 안에 생깁니다. 화를 안아주는 것, 숨을 들이쉬고 내쉬는 것만으로도 충분합니다. 아기는 금방 안도감을 느끼게 됩니다.

모든 식물은 햇빛에서 영양을 얻습니다. 햇빛에 아주 민감하지요. 햇빛에 둘러싸이면 모든 식물이 변하게 됩니다. 아침에 아직 꽃이 피지 않았어도, 해가 뜨면 햇빛은 꽃을 품어주고, 꽃 속으로 들어갑니다. 햇빛은 작은 빛의 입자, 광자로 이루어져 있습니다. 광자가 서서히 꽃에 스며들어 마침내 내부에 가득 차면, 꽃은 더 이상 저항할 수 없으며 햇빛을 향해 자신을 열어야 합니다.

이와 마찬가지로 우리 속의 모든 마음 작용과 생리 작용은 마음챙김에 민감합니다. 마음챙김이 몸을 안아주면 몸은 변합니다. 마음챙김이 화나 절망을 안아주면 그것들도 변하게 될 겁니다. 부처님과 우리의 경험에 따르면, 마음챙김의 에너지가 안아주는 모든 것은 변합니다.

당신의 화는 꽃과 같습니다. 당신은 처음에는 화의 본성도 모르고 왜 일어났는지도 모릅니다. 그러나 마음챙김이 주는 에너지로 안아줄 수 있다면 화는 열리기 시작합니다. 당신이 호흡을 의식하며 앉아 있거나, 걷기 명상을 통해서 마음챙김의 에너지를 낳으면 당신은 그 에너지로 화를 안아준 것입니다. 10~20분이면 당신의 화는 당신에게 자신을 열어 보일 것입니다. 그러면 당신은 홀연 당신의 화의 진정한 본성을 이해하게 될 것입니다. 화는 오직 잘못된 인식이나 미숙함 때문에 일어났을 수도 있습니다.

화를 요리하기

화의 꽃이 스스로 열리게 하자면 일정 시간 마음챙김을 유지해야 합니다. 감자를 요리할 때와 같습니다. 냄비에 감자를 넣고 뚜껑을 덮고 불에 올립니다. 하지만 아무리 강한 불길이어도 5분 후에 불을 끄면 감자는 익지 않습니다. 감자가 익으려면 적어도 15분에서 20분 동안 불을 계속 두어야 합니다. 그 후 뚜껑을 열면 익은 감자에서 참으로 고소한 냄새가 납니다.

당신의 화도 감자와 같아서, 요리해야 합니다. 처음에는 날 것입니다. 날감자는 먹을 수가 없습니다. 당신이 당신의 화를 즐기기란 매우 어렵습니다. 하지만, 그것을 돌보고 요리하는 법을 안다면, 화라는 부정적인 에너지는 이해와 자비라는 긍정적인 에너지로 변하게 됩니다.

당신도 할 수 있습니다. 위대한 존재, 보살만이 할 수 있는 일이 아닙니다. 당신도 할 수 있습니다. 화라는 쓰레기를 자비의 꽃으로 바꿀 수 있습니다. 우리 중 대부분은 단 15분 만에 이 일을 해낼 수 있습니다. 비결은 마음챙김 호흡과 걷기를 계속하면서 마음챙김의 에너지를 생성하고 당신의 화를 안아주는 것입니다.

당신의 화를 아주 부드럽게 안아주세요. 화는 당신의 적이 아니라, 당신의 아기와 같습니다. 당신의 위나 폐와 같습니다. 폐나 위에 무슨 문제가 있을 때마다 버리려 하지는 않지요. 당신의 화도 마찬가지입니다. 당신은 스스로 화를 돌볼 수 있다는 것을 알고서, 그것을 긍정적인 에너지로 바꿀 수 있다는 것을 알고서 당신의 화를 받아들입니다.

쓰레기를 꽃으로 바꾸기

유기농 정원사는 쓰레기 버릴 생각을 하지 않습니다. 쓰레기가 필요하다는 것을 알고 있으니까요. 그녀는 쓰레기를 퇴비로 바꿀 수 있는데, 그러면 퇴비는 다시 상추, 오이, 무, 꽃으로 바뀝니다. 수행자로서 당신은 정원사, 유기농 정원사와 같습니다.

화와 사랑은 둘 다 유기적인데, 이는 둘 다 변할 수 있다는 뜻입니다. 사랑은 증오로 바뀔 수 있습니다. 당신은 이 사실을 잘 알고 있을 겁니다. 우리 대다수는 열렬하고 격렬한 사랑으로써 연애를 시작합니다. 너무나 격렬해서 파트너 없이는 살 수 없다고 생각할 정도지요. 그러나 마음챙김을 실천하지 않으면 사랑이 미움으로 바뀌는 데 1~2년밖에 걸리지 않습니다. 그렇게 되면 파트너가 있어도 우리는 정반대로 최악의 기분이 됩니다. 더 이상 함께 살 수 없어져서 이혼만이 유일한 대안이 됩니다. 사랑이 증오로 바뀐 것입니다. 꽃은 쓰레기가 되었습니다. 그러나 마음챙김이 주는 에너지로써 당신은 그 쓰레기를 보며 "난 두렵지 않아. 쓰레기를 다시 사랑으로 바꿀 수 있어"라고 말할 수 있습니다.

당신 안에 두려움, 절망, 증오와 같은 쓰레기들이 있다고 해도 크게 당황하지 마세요. 훌륭한 유기농 정원사 겸 훌륭한 수행자로서 당신은 여기에 대처할 수 있습니다. "내 안에 쓰레기가 있다는 것 인정해. 이것을 영양가 있는 퇴비로 바꿔서 사랑을 다시 생기게 할 거야."

이 수행에 자신이 있는 사람은 어려운 인간관계에서 도망가려고 하지 않습니다. 마음챙김 호흡, 마음챙김 걷기, 마음챙김 앉기, 마음챙김 식사의 기술들을 알면, 당신은 마음챙김의 에너지를 생성해서 화나 절망을 안아줄 수 있습니다. 화를 안아주는 것만으로도 당신 마음이 편안해집니다. 그런 다음 계속 안아주면 화의 본성을 깊이 들여다보는 수행을 할 수 있습니다.

따라서 이 수행에는 두 단계가 있습니다. 첫 번째 단계는 안아주고 인지하는 것입니다. "사랑하는 나의 화, 나는 네가 거기 있다는 거 알아. 내가 너를 잘 돌보고 있어." 두 번째 단계는 화의 본성을 깊이 보면서 그것이 일어난 이유를 아는 것입니다.

화라는 아기 돌보기

당신은 아기의 울음소리에 귀를 기울이는 어머니가 되어야 합니다. 어머니가 주방에서 일하다가 아기가 우는 소리가 들리면 하던 일을 멈추고 아기를 돌보러 갑니다. 그녀는 아주 맛있는 수프를 만들고 있었을지도 모릅니다. 수프가 아무리 중요해도 아기의 고통보다는 훨씬 덜 중요합니다. 그녀는 수프를 내려놓고 아기의 방으로 가야 합니다. 아기 옆에 있는 어머니는 햇살처럼 따뜻함, 배려, 부드러움으로 가득 차 있기 때문입니다. 그녀가 가장 먼저 하는 일은 아기를 들어서 부드럽게 안아주는 겁니다. 어머니가 아기를 안으면 그녀의 에너지는 아기 안으로 흘러 들어가 아기를 진정시킵니다. 이것이 바로 화가 표면으로 떠오르기 시작할 때 해야 할 일입니다. 하고 있던 모든 일을 멈춰야 합니다. 왜냐하면 가장 중요한 것은 자신에게 되돌아가 당신의 아기, 당신의 화를 돌보는 일입니다. 당신의 아기를 잘 돌보는 일보다 더 급한 일은 없습니다.

당신이 어린 아기 시절에 열이 났을 때 누군가가 아스피린이나 다른 약을 줬는데도 어머니가 와서 불타는 이마에 손을 얹을 때까지 몸이 나아지지 않았던 것을 기억하십니까? 기분이 너무 좋았지요! 그녀의 손은 여신의 손과 같았습니다. 그녀가 자기 손으로 당신을 만졌을 때, 신선함, 사랑, 자비가 당신의 몸 안으로 엄청 많이 들어왔습니다. 이제 어머니의 손은 당신의 손입니다. 당신이 숨을 들이쉬고 내쉬는 법을 알고, 마음챙김을 하는 법을 안다면, 어머니의 손은 여전히 당신 손안에 살아 있습니다. 그래서 당신의 손으로 자신의 이마를 짚어보면, 어머니의 손이 여전히 거기에 있어서 이마를 짚고 있음을 알 수 있습니다. 당신은 당신 자신을 위해 어머니가 주는 것과 같은 사랑과 부드러움의 에너지를 갖게 될 것입니다.

어머니는 마음챙김을 하면서 아기를 안고 아기에게 오롯이 집중합니다. 햇빛에 안긴 꽃처럼, 아기는 어머니의 품에 부드럽게 안겨서 평안을 느낍니다. 어머니는 아기를 그냥 안는 것이 아니라 아이가 왜 그러는지 알아내려고 안습니다. 그녀는 진정한 어머니이고 아주 유능해서 아기의 문제를 금방 알아챌 수 있습니다. 그녀는 아기 전문가입니다.

수행자로서 우리는 화 전문가가 되어야 합니다. 우리는 화에 주의를 기울여야 합니다. 우리는 화의 뿌리와 그 뿌리가 어떻게 작동하는지 알 때까지 수행해야 합니다.

아기 안기

마음챙김을 하면서 아기를 안고 있는 어머니는 아기가 고통받는 원인을 빨리 알아냅니다. 그러면 그 상황을 고치기가 매우 쉽습니다. 아기가 열이 나면 해열제를 줄 것이고, 배가 고프면 따뜻한 우유를 먹일 것입니다. 기저귀가 너무 꽉 끼면 느슨하게 할 것입니다.

수행자로서 우리도 바로 이렇게 해야 합니다. 우리는 마음챙김 속에 화라는 아기를 안아줌으로써 편안해집니다. 마음챙김 호흡과 걷기를, 화를 위한 자장가 삼아 계속 수행합니다. 어머니의 에너지가 아기의 에너지 안으로 들어가듯이, 마음챙김의 에너지는 화의 에너지 안으로 침투합니다. 조금도 다르지 않습니다. 마음챙김 호흡, 미소 짓기, 걷기 명상을 실천할 수 있다면 5분, 10분, 또는 15분 안에 당신은 분명 평안을 찾을 수 있을 것입니다.

화의 진정한 본성 찾아내기

화가 치미는 순간, 우리는 자신의 불행을 다른 사람이 만들었다고 믿는 경향이 있습니다. 모든 고통에 대해 상대를 비난합니다. 그러나 깊이 들여다보면 당신 속에 있는 화의 씨앗이야말로 고통의 주요 원인임을 깨닫게 될 것입니다. 같은 상황에 직면한 다른 사람들은 당신처럼 화내지 않습니다. 그들은 같은 말을 듣고 같은 상황을 보고도 흥분하지 않고 냉정합니다. 당신은 왜 그렇게 쉽게 화를 냅니까? 당신의 화의 씨앗이 너무 강해서 너무 쉽게 화를 내는지도 모릅니다. 그리고 화를 잘 돌보는 방법을 실천하지 않아서, 과거에 화의 씨앗에 너무 자주 물을 주었는지도 모릅니다.

우리는 모두 의식 깊은 곳에 화의 씨앗을 가지고 있습니다. 그런데 우리 중 일부에게는 화의 씨앗이 사랑이나 자비의 씨앗같이 우리가 가진 다른 씨앗들보다 더 큽니다. 우리가 지금까지 수행하지 않아서 화의 씨앗이 더 커진 것입니다. 우리가 마음챙김의 에너지를 길러서 얻는 첫 번째 통찰은, 우리의 고통과 불행의 주요 원인은 상대가 아니라 바로 우리 속에 있는 화의 씨앗이라는 겁니다. 그러면 우리는 자신의 모든 고통에 대해 상대를 비난하지 않게 됩니다. 상대는 오직 부수적인 요인일 뿐임을 깨닫게 됩니다.

이런 통찰을 갖게 되면 당신은 평안을 되찾고 기분이 훨씬 나아지기 시작합니다. 그러나 상대는 수행하는 방법을 몰라서 여전히 지옥에 있을지도 모릅니다. 당신은 당신 자신의 화를 다스린 후에 그녀가 여전히 괴로워하고 있음을 또렷이 의식하게 됩니다. 이제 당신은 상대에게 집중할 수 있습니다.

처벌이 아니라 도움을

자신의 고통을 어떻게 다뤄야 할지 모를 때, 사람은 그 고통이 주변에 있는 사람에게 퍼지도록 내버려 둡니다. 당신이 괴로울 때면, 주변 사람도 괴롭힙니다. 그것은 매우 자연스러운 일입니다. 바로 이 때문에 고통을 도처에 퍼뜨리지 않도록 우리는 고통을 어떻게 다루는지 배워야 합니다.

예를 들어, 당신이 가장이라면 가족 구성원의 안녕이 매우 중요하다는 것을 알고 있습니다. 당신은 자비가 있어서 당신의 고통이 주변 사람들을 해치지 않도록 합니다. 당신은 고통이나 행복이 자신만의 문제가 아님을 알기 때문에, 자신의 고통을 돌보는 법을 배우기 위해 수행합니다.

한 여성이 화가 났는데 그 화를 어떻게 다뤄야 할지 모를 때, 그녀는 어쩔 줄 모르고 괴로워합니다. 또한 주변 사람도 괴롭힙니다. 당신은 처음에는 그녀가 벌을 받아 마땅하다고 생각합니다. 그녀가 당신을 괴롭혔으므로 그녀를 처벌하고 싶습니다. 그러나 10분에서 15분 동안 걷기 명상과 마음챙김을 하면서 반성하면, 당신은 그녀가 필요한 것은 도움이지 처벌이 아니라는 것을 깨닫게 됩니다. 좋은 통찰력이지요.

이 사람이 아내나 남편처럼 당신과 아주 가까운 사람일 수 있습니다. 당신이 돕지 않는다면 누가 돕겠습니까?

당신은 화를 안아주는 방법을 알고 있으니 기분이 훨씬 좋아졌지만, 상대는 계속해서 고통스러워한다는 사실을 알고 있습니다. 이 통찰은 당신을 그에게로 돌아가게 만듭니다. 당신 이외에 그를 도울 사람이 없습니다. 이제 당신은 그에게 돌아가 도와주고 싶은 열망으로 가득 차게 됩니다. 벌주고 싶은 마음은 없어지고 완전히 다른 생각이 든 거지요. 당신의 화가 자비로 변했습니다.

마음챙김 수행은 집중과 통찰을 가져옵니다. 통찰은 수행의 열매로서, 우리가 용서하고 사랑하게 해줍니다. 15분 또는 30분 동안 마음챙김, 집중 및 통찰의 수행은, 당신을 화로부터 해방해서 사랑이 깊은 사람으로 만들 수 있습니다. 그것이 바로 부처님 법(다르마)의 힘이고 그 법의 기적입니다.

화의 악순환 멈추기

여름마다 플럼빌리지에 와서 다른 청년들과 수행하던 12세 소년이 있었습니다. 그는 아버지와의 사이에 문제가 있었습니다. 그의 아버지는 그가 실수하거나 넘어져 다칠 때마다, 도와주는 대신 큰 소리를 지르며 온갖 욕설을 퍼붓는 식이었기 때문입니다. "바보 같은 놈! 어떻게 그런 짓을 하고 있어?" 소년이 넘어져 다쳤다고, 이런 일이 벌어진 겁니다. 그래서 그는 아버지를 사랑하는 아빠, 좋은 아빠로 보지 않았습니다. 그는 자신이 커서 결혼하고 아이를 낳으면 그렇게 하지 않겠다고 스스로 다짐했습니다. 그의 아들이 놀다가 다치고 피가 나면 그에게 소리를 지르지 않을 것이고, 안아주고 도와줄 것이라고 마음먹었습니다.

이 소년이 2년째 플럼빌리지에 왔을 때 여동생과 함께 왔습니다. 여동생은 해먹에서 다른 소녀들과 놀다가 갑자기 떨어졌습니다. 그녀는 바위에 머리를 부딪쳤고, 얼굴에 피가 흐르기 시작했습니다. 갑자기 소년은 화의 에너지가 치밀어 올라오는 것을 느꼈습니다. 그는 여동생에게 막 소리치기 직전이었습니다. "바보 같은 계집애! 이게 무슨 일이야?" 그는 아버지가 그에게 한 것과 똑같은 일을 하려던 참이었습니다. 그러나 그는 2년 동안 여름에 플럼빌리지에서 수행했기 때문에 거기서 멈출 수 있었습니다. 다른 사람들이 동생을 도와주는 사이에 그는 소리치는 대신 마음챙김 걷기와 마음챙김 호흡을 하기 시작했습니다. 단 5분 만에 그는 깨달음의 순간을 경험했습니다. 그는 자신의 반응, 그의 화가 아버지로부터 물려받은 일종의 습관 에너지임을* 알았습니다. 그는 아버지를 그대로 닮은, 아버지의 연속이었습니다. 그는 여동생을 그렇게 대하고 싶지 않았지만, 아버지로부터 전달받은 에너지가 너무 강해서 아버지가 그에게 한 일을 거의 똑같이 하려고 했던 것입니다.

열두 살짜리 소년에게 그것은 큰 각성입니다. 그는 걷기 명상을 계속하다가, 어느 순간 갑자기 수행을 통해 이 습관 에너지를 바꾸고 싶다는 욕구가 생겼습니다. 그걸 자식들에게 물려주지 않게끔 말입니다. 그는 마음챙김 수행만이 고통의 순환을 단절하는 데 도움이 될 수 있음을 알았습니다.

소년은 자신의 아버지도 화를 이어받은 희생자라는 것을 알 수 있었습니다. 그의 아버지는 그를 그렇게 대하고 싶지 않았을지 모르지만, 그의 습관 에너지가 너무 강해서 그렇게 한 것입니다. 그의 아버지도 화를 이어받은 피해자라는 사실을 깨

---

* '습관 에너지'는 habit energy의 번역어이고, 이 영어 표현은 습(習, vāsanā, Pāli)의 역어로 보인다. 『틱낫한 불교』, 권선아 옮김, 불광출판사, 2019, p.45 참조.(역주)

닫는 순간 아버지에 대한 화는 모두 사라졌습니다. 몇 분 후, 그는 집으로 돌아가 아버지를 초대하여 함께 수행하고 싶은 마음이 갑자기 생겼습니다. 열두 살의 소년으로서 그것은 상당한 깨달음이었습니다.

좋은 정원사

당신이 다른 사람의 고통을 이해하면, 벌주려는 욕구를 바꿀 수 있게 되어 그저 상대를 돕고 싶어질 뿐입니다. 그 순간, 당신은 자신의 수행이 성공했음을 압니다. 당신은 좋은 정원사입니다.

우리 각자의 내면에는 정원이 있습니다. 각 수행자는 정원으로 돌아가서 정원을 돌봐야 합니다. 어쩌면 예전에 한동안 돌보지 않았는지도 모릅니다. 이제 자신의 정원에서 무슨 일이 일어나고 있는지 정확하게 알아서, 거기에 있는 것을 정돈하려고 노력해야 합니다. 당신 정원의 아름다움을, 조화를 되살리세요. 정원을 잘 가꾸면 많은 사람들이 당신의 정원을 즐길 것입니다.

자신 돌보기, 상대 돌보기

어렸을 때 아버지와 어머니로부터 우리는 숨 쉬는 법, 걷는 법, 앉는 법, 먹는 법, 말하는 법을 배웠습니다. 그러나 수행을 하게 되면 당신은 영적인 존재로 다시 태어납니다. 그래서 우리는 다시 한번 마음챙김을 하면서 호흡하는 법을 배워야 합니다. 마음챙김을 하면서 걷는 법을 배워야 합니다. 우리는 다시금 마음챙김을 하면서 그리고 자비심을 가지고 경청하는 법을 배우고 싶습니다. 우리는 그 최초의 약속을 지키기 위해 사랑으로 말하는 법을 다시 배우고 싶습니다. "자기, 나는 괴로워. 화가 나. 당신이 그것을 알았으면 좋겠어." 이런 말은 당신이 한 약속에 대한 충실함을 나타냅니다. "난 최선을 다하고 있어. 나와 당신을 위해, 내 화를 잘 돌보고 있어. 화를 폭발시켜 나와 당신을 파괴하고 싶지 않아. 최선을 다하고 있어. 나는 스승과 승가에서 배운 것을 실천하고 있어." 이런 성실한 태도는 상대의 마음에, 당신에 대한 존경과 신뢰를 불러일으킬 것입니다. 그리고 마지막으로, "자기, 좀 도와줘"라는 말, 이것은 매우 강력한 말입니다. 왜냐하면 보통 우리가 화가 날 때 "당신이 필요 없어"라고 말하는 경향이 있기 때문입니다.

만일 진심을 담아 이런 세 개의 문장을 말할 수 있다면, 상대 안에 변화가 일어납니다. 그러한 실천의 효과는 의심의 여지가 없습니다. 당신은 당신의 행동만으로 상대도 그런 실천을 시작하게 할 만큼 영향을 미치게 됩니다. 그녀는 이렇게 생각할 것입니다. "그는 나에게 충실해요. 저에게 헌신하고 있고요. 그는 최선을 다하려고 노력하고 있어요. 저도 똑같이 해야겠어요."

이렇게 자기 자신을 잘 돌본다는 것은, 사랑하는 사람도 잘 돌보는 일입니다. 자기에 대한 사랑은 상대를 사랑하는 능력의 기반이 됩니다. 자신을 잘 돌보지 않고, 스스로 행복하지 않고, 마음에 평화가 없다면 상대를 행복하게 할 수 없습니다. 상대를 도울 수도, 사랑할 수도 없습니다. 사람을 사랑하는 능력은 전적으로 자신을 사랑하는 능력, 자신을 돌보는 능력에 달려 있습니다.

상처받은 내면의 아이 치유하기

우리 중 여럿은 여전히 마음속에 상처 입은 아이를 품고 있습니다. 우리의 상처는 아버지나 어머니가 원인일 수 있습니다. 아버지도 어머니도 어렸을 때 상처받았을지 모릅니다. 부모는 어린 시절 입은 상처를 치유하는 방법을 몰라서 그 상처를 우리에게 전했을지도 모릅니다. 우리 안에 있는 상처를 변화시키고 치유하는 방법을 모른다면, 우리도 그것을 자식과 손자·

손녀에게 전하게 됩니다. 그래서 우리는 우리 속의 상처받은 아이에게 돌아가서 그 아이가 치유되도록 도와야 합니다.

우리 안에 있는 상처받은 아이가 우리의 모든 관심을 받아야 할 때가 있습니다. 그 어린아이가 우리 의식의 깊은 곳에서부터 나타나 우리의 관심을 요구할 수도 있습니다. 마음챙김을 하다 보면 도움을 요청하는 목소리를 들을 수 있습니다. 그 순간, 아름다운 일출을 바라보는 대신, 당신은 되돌아가서 당신 안의 상처받은 아이를 부드럽게 안아줍니다. "숨을 들이쉬며 나는 내 상처받은 아이에게로 돌아갈래. 숨을 내쉬며 내 다친 아이를 잘 돌보겠어"라고 말합니다.

우리 자신을 잘 돌보기 위해서는, 우리 안에 있는 상처받은 아이에게 돌아가 그를 돌보아야 합니다. 상처받은 아이에게 돌아가는 수행을 매일 해야 합니다. 형이나 누나처럼 부드럽게 그를 안아줘야 합니다. 당신은 그 아이에게 이야기해야 합니다. 그리고 당신 안에 있는 아이에게 두세 장 정도의 편지를 써서, "네가 여기 있다는 것을 알고 있으며, 네 상처를 치유하기 위해 최선을 다할 거야"라고 말해야 합니다.

우리가 자비심을 가지고 경청하는 것에 대해 말할 때, 우리는 보통 다른 사람의 말을 경청하는 것을 생각합니다. 그러나 우리는 우리 안에 있는 상처받은 아이의 말도 경청해야 합니다. 우리 안의 상처받은 아이는 바로 이 순간에 존재합니다. 그리고 우리는 당장 그를 치료할 수 있습니다. "내 속의 상처받은 소중한 아이야, 너를 위해 나는 여기 있고 네 말을 들을 준비가 되어 있어. 너의 고통, 너의 아픔을 모두 말해줘. 나 여기서 열심히 듣고 있어." 그리고 그 아이에게로 돌아가서 매일 5분에서 10분 동안 그렇게 경청한다면 치유가 됩니다. 아름다운 산에 오를 때 당신 속에 있는 아이를 초대하여 함께 오르세요. 아름다운 일몰을 감상할 때 그 아이를 초대하여 함께 즐기도록 하세요. 이것을 몇 주, 몇 달 동안 하게 되면 당신 속의 상처받은 아이는 치유될 것입니다. 마음챙김은 이것을 하도록 도울 수 있는 에너지입니다.

자유로운 사람이 되기

1분간의 수행은 1분 동안 마음챙김의 에너지를 생성하는 것과 같습니다. 그 에너지는 외부가 아니라 당신 안에서 나옵니다. 마음챙김의 에너지는 우리가 여기에, 지금 여기에 온전히 존재하도록 하는 에너지입니다. 마음챙김을 하면서 차를 마시면 몸과 마음이 온전히 하나가 됩니다. 당신은 거기에 있고, 당신이 마시는 차도 거기에 있습니다. 카페에 앉아 있는데 계속 배경음악이 흐르고 머릿속이 여러 프로젝트로 차 있다면, 당신은 실제로 커피나 차를 마시는 것이 아닙니다. 프로젝트나 걱정거리를 마시는 것이지요. 당신은 거기에 없고 커피도 없는 셈입니다. 당신이 자신을 되돌아보고 자신의 진정한 모습을 드러내고, 과거와 미래, 근심으로부터 자신을 해방할 때에서야 비로소 차나 커피가 실재로서 나타날 수 있는 것입니다. 당신이 실재할 때 비로소 차도 실재하게 되고 차와 진정으로 마주하게 됩니다. 이것이야말로 진짜 차를 마신다고 할 수 있는 것이지요.

여러분은 차 마시기 명상을 준비해서 친구들에게 이 순간에 진정으로 존재하는 연습을 할 기회를 주어서, 차 한잔과 더불어 서로가 함께 시간을 보내게 할 수 있습니다. 차 마시기 명상은 수행입니다. 이 명상은 우리를 자유롭게 해주는 수행입니다. 당신이 여전히 과거에 얽매여 있고, 그로 인해 괴롭다면, 여전히 미래가 두렵다면, 그리고 당신의 계획, 두려움, 불안, 화에 사로잡혀 있다면, 당신은 자유로운 사람이 아닙니다. 당신이 바로 여기에 지금 실재하지 않으니, 당신에게 인생이란 존재하지 않는 셈입니다. 차, 상대방, 푸른 하늘, 꽃도 없는 것이나 마찬가집니다. 진정으로 살아 있기 위해서는, 삶에 깊이 닿기 위해서는 자유로운 사람이 되어야 합니다. 마음챙김을 기르면 자유로워지는 데 도움이 될 수 있습니다.

마음챙김의 에너지는 몸과 마음이 하나가 되어서 현재에 존재하기 위한 에너지입니다. 마음챙김 호흡이나 걷기를 수행하면 당신은 과거와 미래 그리고 당신의 프로젝트에서 벗어나 완전히 살아나서 다시 현재에 존재할 수 있습니다. 자유는 삶, 푸른 하늘과 나무, 새와 차, 상대를 만나기 위한 기본 조건입니다. 바로 이 때문에 마음챙김의 수행이 아주 중요합니다. 그렇다고 해서 그렇게 되기까지 몇 달이나 수련해야 하는 것은 아닙니다. 1시간의 수행이라도 좀 더 깊은 마음챙김을 하는 데 도움이 될 겁니다. 차를 마시는 그 순간 자유로운 사람이 되기 위해 마음챙김을 하면서 차 마시는 수련을 하십시오. 아침 식사를 만들면서도 자유로운 사람이 되도록 수련하십시오. 하루 중 매 순간이 바로 당신이 스스로 마음챙김 수련을 하고, 이런 에너지를 생성할 수 있는 기회입니다.

"자기, 당신이 거기 있다는 걸 알아. 난 정말 행복해"

마음챙김과 함께하면 당신은 사랑하는 사람을 비롯해 바로 이 순간에 존재하는 것이면 뭐든 알아차릴 수 있습니다. 여기에는 사랑하는 사람도 포함됩니다. 당신은 사랑하는 사람에게 "자기, 당신이 거기 있다는 걸 알아, 난 정말 행복해"라고 하는 것은, 당신이 자유로운 사람이란 걸 증명합니다. 그것은 당신이 마음챙김과 함께하고, 바로 이 순간에 일어나는 일을 소중히 여기고 감사할 수 있는 능력이 당신에게 있음을 증명합니

54

다. 바로 이 순간에 일어나고 있는 것, 그것이 바로 인생입니다. 당신은 아직 살아 있고, 당신이 사랑하는 사람도 당신 앞에 지금 살아 있습니다.

여러분이 스스로 얼마나 마음챙김을 기르는지는 매우 중요합니다. 마음챙김에서 생긴 바로 이 에너지로 상대를 안아주기 때문입니다. 당신은 상대를 사랑스럽게 바라보며 이렇게 말합니다. "당신이 살아서 여기 있다는 건 정말 멋진 일이에요. 그래서 너무 기쁘네요." 이렇게 이야기하면 당신만 아니라 상대도 행복한데, 그건 상대가 당신의 마음챙김이라는 품에 안겨 있기 때문입니다. 이런 식으로 상대와 함께할 수 있다면, 화를 낼 확률은 이미 훨씬 줄어든 것입니다.

누구나 이런 수행을 할 수 있습니다. 여덟 달이나 수행할 필요도 없습니다. 마음챙김 호흡, 마음챙김 걷기 1~2분이면 바로 여기 지금 자신을 회복하고 다시 살아날 수 있습니다. 그런 다음 당신은 상대에게 다가가서 그의 눈을 바라보고 미소 지으며 이렇게 선언합니다. "당신이 여기에 살아 있다는 건 너무나 멋진 일이에요. 그래서 정말 행복해요"라고요.

마음챙김은 당신과 상대를 행복하고 자유롭게 만듭니다. 비록 상대가 걱정, 화, 망각에 사로잡힐 수 있지만, 마음챙김을 통해 당신은 그 사람과 자신을 구할 수 있습니다. 마음챙김은 부처님의 에너지, 깨달음의 에너지입니다. 부처님은 당신이 마음챙김을 할 때면 언제나 거기에 있으며 두 사람을 사랑으로 안아줍니다.

3장 진정한 사랑의 말

평화 회담

혼자서는 쉽게 성공하기 어려워 우리는 가족이나 영적 친구들과 함께 수행합니다. 우리는 동맹이 필요합니다. 과거에 우리는 서로를 더 고통스럽게 하는 데, 화를 돋우는 데 협력했습니다. 이제 우리는 슬픔, 화, 좌절을 잘 보살피는 데 동맹이 됩시다. 평화를 위한 전략을 협상합시다.

사랑하는 사람과 평화 회담을 시작하십시오. "자기, 우리는 예전에 서로를 너무나 괴롭혔어요. 우리 둘 다 화의 희생양이었죠. 서로에게 지옥을 만들었어요. 이제 바꾸고 싶어요. 이젠 우리가 서로를 보호하고, 함께 수행하고, 함께 화를 바꾸는 동맹이 되었으면 좋겠어요. 이제부터 마음챙김의 수행을 통해서 더 나은 삶을 만들어 가요. 당신의 도움이 필요해요. 당신의 지지와 협력이 필요해요. 당신 없이는 성공할 수 없어요." 당신의 파트너에게, 당신의 아들과 딸에게 이 말을 해야 합니다. 지금이 바로 그때입니다. 이것은 각성이고 사랑입니다.

  5분만 법문을 들어도 어느 정도 깨달음을 얻을 수는 있습니다. 그 깨달음을 일상에서도 계속 유지해서 절실하게 느끼고 일상에 적용해야 합니다. 당신 안에 깨달음이 생겨나면 혼란과 무지는 물러납니다. 깨달음은 당신의 생각만이 아니라 당신의 몸과 생활방식에도 영향을 미칩니다. 따라서 파트너, 사랑하는 사람에게 다가가서 평화 전략, 소비 전략, 자신들을 보호하기 위한 전략을 세우는 것이 매우 중요합니다. 이 이상 서로를 괴롭히지 않도록 교섭에 성공하기 위해서는 당신의 재능, 협상력 등을 총동원해서 최선을 다해야 합니다. 당신은 새로 시작하려 하고, 자신을 변화시키려고 합니다. 상대를 설득하는 것은 당신에게 달려 있습니다.

소통 재개

아버지와 5년 동안 한마디도 하지 않은 미국인 청년이 있습니다. 전혀 대화를 할 수 없었습니다. 어느 날 그는 부처님의 법(다르마)을 접하게 되었고, 깊은 영향을 받았습니다. 그는 새로 시작해 자신의 인생을 바꾸고 싶어서, 승려가 될 결심을 했습니다. 배우고자 하는 열망으로 플럼빌리지 승가에 3~4개월 머물며 승려가 될 수 있음을 증명했습니다. 우리 센터에 오던 날부터 마음챙김 소비, 걷기 명상, 좌선 명상을 수행하는 등 승가의 모든 활동에 참여했습니다.

그는 아버지에게 아무것도 기대하지 않았고, 그냥 스스로 시작했습니다. 스스로와 화해하여 생활한 덕분에 매주 아버지에게 편지를 쓸 수 있었습니다. 그는 전혀 답을 기대하지 않고 자신의 수행, 매일 느끼는 작은 기쁨을 담아서 아버지에게 편지를 썼습니다. 6개월 후, 그는 전화기를 들고 마음챙김 호흡을 했습니다. 이것으로 그는 차분해졌습니다. 그는 전화를 걸었고, 아버지는 대답했습니다. 아버지는 그가 승려가 된 것을 알고 크게 화를 냈습니다. 그래서 제일 먼저 한 말은 "아직도 그 무리와 함께 있니? 아직도 승려니? 장차 무얼 할 거야?" 청년은 대답했습니다. "아버지, 지금 제가 가장 신경 쓰는 부분은 어떻게 하면 우리 관계를 좋게 만들지에 관한 거예요. 관계가 좋아지면 저는 정말 행복해질 테죠. 그것이 저에게 가장 중요한 것입니다. 아버지와 다시 소통하는 것, 다시 친해지는 것, 그것이 저의 유일한 관심사예요. 장래를 포함해서 그 무엇보다도 이게 제일 중요해요"라고 했습니다.

아버지는 한동안 침묵을 지켰습니다. 젊은 승려는 자신의 호흡을 계속해서 의식하고 있었습니다. 마침내 아버지는 "알았어, 나도 인정한다. 그건 나한테도 중요한 일이지" 하고 말했습니다. 아버지의 아들에 대한 감정은 화만이 아니었던 것입니다. 그 청년은 이미 여러 편지에서 아버지 마음속 긍정적인 요소에 양식이 된 아름다운 것들에 대해 써왔습니다. 그날부터 그의 아버지는 매주 그에게 전화를 걸었습니다. 다시 소통하게 되었고, 이제 부자간의 행복은 현실이 되었습니다.

평화는 당신에게서 시작한다

우리의 삶에 깊은 변화를 주자면 먼저 우리의 식습관과 소비 방식을 살펴보아야 합니다. 우리는 우리를 중독시키고 취하게 하는 것들을 소비하지 않는 방식으로 살아야 합니다. 그러면 우리는 우리 안에 있는 최선의 것을 일으키는 힘을 갖게 될 것이며, 더 이상 화와 좌절의 희생자가 되지 않을 것입니다.

소통의 문이 열리면 모든 것이 가능해집니다. 그래서 우리는 소통을 시작하고 회복하는 수행에 힘을 쏟아야 합니다. 다른 사람과 평화를 이루고 싶다는 당신의 의지와 열망을 표현해야 합니다. 그에게 도와달라고 하세요. 그에게 "우리 사이의 소통이 나에게 가장 중요한 것이에요. 우리 관계가 가장 소중한 것이고, 이보다 더 중요한 것은 없어요"라고 말하세요. 이런 사실을 명확히 하고 지원을 요청하세요.

당신은 이제 전략을 협상하기 시작해야 합니다. 상대가 아무리 많은 일을 할 수 있어도, 스스로 할 수 있는 일은 스스로 해야 합니다. 자신의 100%를 바쳐야 합니다. 당신 자신을 위해 할 수 있는 일은 뭐든, 상대를 위해 하는 것입니다. 기다리지 마세요. "만일 당신이 화해하려고 노력하지 않으면 나도 노력하지 않겠다"와 같은 조건을 걸지 마세요. 그런 식으로는 일이 되지 않습니다. 평화, 화해, 행복은 당신에게서 시작됩니다.

상대가 변하거나 개선되지 않으면 나아질 여지가 없을 것이라고 생각하는 건 잘못된 것입니다. 더 많은 기쁨, 평화, 조화를 만드는 방법은 항상 있으며, 당신은 그런 방법을 사용할 수 있습니다. 걷는 방식, 숨 쉬는 방식, 웃는 방식, 반응하는 방식, 이 모든 것이 매우 중요합니다. 바로 여기에서 시작해야 합니다.

소통의 방법에는 여러 가지가 있는데 가장 좋은 것은, 당신이 더 이상 화도 내지 않고 비난도 하지 않는다는 것을 보여주는 것입니다. 당신이 상대를 이해하고 받아들인다는 점을 보여주어야 합니다. 당신은 말뿐 아니라 당신의 존재 방식으로도, 즉 자비가 가득한 눈으로, 한없이 부드러운 행동으로도 보여주어야 합니다. 당신이 기운차고 유쾌한 존재라는 사실은 이미 많은 것을 바꾼 것입니다. 누구든 거리낌 없이 당신에게 가까이 다가옵니다. 당신은 시원한 그늘이 있는 나무, 시원한 물줄기가 됩니다. 당신의 존재는 상쾌하고 즐거워서 사람이든 동물이든 모두 당신에게 가까이 오고 싶어집니다. 당신부터 시작하면 당신은 다시금 소통할 수 있게 되고, 자연스럽게 상대도 변하게 됩니다.

평화협정

우리는 사랑하는 사람에게 말합니다. "자기야, 우리 둘 다 화를 잘 다스리지 못해서 예전에 서로에게 너무 많은 고통을 주었어. 이제 우리는 화를 잘 돌보는 전략을 짜야 해."

부처님의 법은 화의 열기와 괴로움의 열기를 제거할 수 있습니다. 바로 지금 기쁨과 평화를 가져다주는 것은 지혜입니다. 평화와 화해를 위한 우리의 전략은 이런 지혜에 바탕을 두어야 합니다.

화의 에너지가 솟구치면 우리는 종종 우리 고통의 원천이라고 믿는 사람을 벌하기 위해 화를 내고 싶어집니다. 화는 우리 안에 있는 습관 에너지입니다. 우리가 고통을 느끼면, 우리를 고통스럽게 만든 일에 대해 항상 상대를 비난합니다. 우리는 화가 무엇보다도 자기 자신의 일이라는 사실을 깨닫지 못합니다. 화내는 데 우리가 일차적인 책임이 있지만, 우리는 아주 순진하게도 상대를 벌하기 위한 말이나 행동을 할 수 있다면 고통이 줄어들 것이라 믿습니다. 이런 믿음은 그 뿌리째 제거해야 합니다. 홧김에 하는 언동은 인간관계에 더 큰 피해를 줄 수 있기 때문입니다. 오히려 화가 났을 때 어떤 일도 하지 말고 아무 말도 하지 않도록 노력해야 합니다.

정말 모진 말을 하거나 보복행위를 하면 당신의 화는 더 커집니다. 상대를 괴롭힌다면, 상대도 고통에서 벗어나려고 대꾸하고 뭔가를 하기 위해 필사적으로 됩니다. 이런 식으로 갈등은 고조됩니다. 이런 일이 과거에 너무 많이 일어났습니다. 두 사람은 모두 화와 고통이 고조되는 일에 대해 아주 잘 알고 있지만, 그로부터 배운 것이 없습니다. 상대를 벌하려고 하면 상황만 악화될 뿐입니다.

상대를 처벌하는 것은 자기 자신을 처벌하는 것과 같습니다. 모든 상황에서 통용되는 이야기입니다. 미군이 이라크를 제재하려고 할 때마다 이라크도 고통스러워하지만 미국도 고통스럽습니다. 이라크가 미국을 벌하려고 할 때마다 미국이 고통을 겪지만 이라크도 고통을 겪습니다. 세상 어디서나 같습니다. 이스라엘과 팔레스타인 사이, 이슬람과 힌두교 사이, 당신과 상대 사이도요. 항상 그래왔습니다. 그러니 각성합시다. 상대를 처벌하는 것은 현명한 전략이 아니라는 점을 자각합시다. 당신도 상대도 모두 지성인입니다. 당신은 지성을 사용해야 합니다. 당신은 함께 모여 화를 다스리는 전략에 합의를 보아야 합니다. 상대를 벌하려고 하는 것이 현명치 못하다는 것을 양쪽 다 알고 있습니다. 그러므로 화가 날 때마다, 홧김에서는 어떤 언동도 하지 않겠다고 서로 약속하십시오. 대신, 스스로를 되돌아보고 마음챙김 호흡과 마음챙김 걷기 수행을 통해 화를 돌보겠다고 약속하세요.

모두가 행복한 순간을 이용하여 계약이나 평화협정, 진정한 사랑의 조약에 서명하십시오. 당신들의 평화협정은 전적으로 사랑을 바탕으로 작성하고 서명하는 것이어야지, 정당들이 서명한 평화협정 같은 것이 아닙니다. 정당들은 오직 국가의 이익만을 토대로 협정을 맺습니다. 정당들은 여전히 많은 의심과 화로 가득 차 있지요. 그러나 당신의 평화협정은 순전히 사랑의 협정이어야 합니다.

화를 안아주기

부처님은 우리에게 화를 억제하라고 충고하신 적이 한 번도 없습니다. 그는 우리에게 자신을 되돌아보고 화를 잘 돌보라고 설법하셨습니다. 우리의 내장, 위장, 간 등 몸에 문제가 생기면, 우리는 잠시 멈추고 그것들을 잘 돌보아야 합니다. 우리는 약간의 마사지를 하고, 뜨거운 찜질팩을 사용하고, 그것들을 돌보기 위해 가능한 모든 일을 합니다.

내장과 마찬가지로 우리의 화도 우리의 일부입니다. 화가 났을 때, 우리는 우리 자신으로 돌아가 화를 잘 돌봐야 합니다. 우리는 "화! 너 사라져, 저리 꺼져, 네가 보기 싫어"라고 할 수 없고, 배가 아플 때 "위! 네가 싫어, 없어져 버려"라고 하지 않습니다. 아니, 당신은 그 위를 돌봅니다. 마찬가지로 우리는 화를 안아주고 잘 돌보아야 합니다. 화를 있는 그대로 알아차리고 안아주고 미소를 보냅니다. 이러한 일을 하는 데 우리를 도와주는 에너지는 마음챙김, 바로 마음챙김 걷기이고, 마음챙김 호흡입니다.

행복은 혼자의 문제가 아닙니다

그렇다고 화를 숨겨야 한다는 의미는 아닙니다. 당신이 화가 났고 고통스럽다는 사실을 상대에게 전할 필요가 있습니다. 이건 매우 중요합니다. 누군가에게 화가 났을 때 화나지 않은 척하지 마십시오. 고통스럽지 않은 척하지 마세요. 상대가 당신에게 소중한 사람이면, 화가 났고 고통스럽다고 고백해야 합니다. 그 사람에게 침착하게 말해주세요.

진실한 사랑에는 자존심이 없습니다. 고통받지 않는 척할 수는 없습니다. 화가 나지 않은 척할 수는 없습니다. 이런 종류의 부정은 자존심 때문입니다. "화? 내가? 왜 내가 화를 내야 하지? 난 괜찮아." 그러나 사실, 당신은 괜찮지 않습니다. 당신은 지옥에 있습니다. 화가 당신을 다 태우고 있습니다. 이런 사실을 파트너, 아들, 딸에게 말해야 합니다. 그런데 우리는 "행복하기 위해 당신 따위는 필요 없어! 혼자라도 좋아!"라고 말하는 경향이 있습니다. 이렇게 말하는 것은 모든 것을 나누겠다는 우리의 첫 서약을 배신하는 것입니다.

당신들은 처음에는 서로 이렇게 말했습니다. "나는 당신 없이는 살 수 없어요. 내 행복은 당신에게 달려 있어요." 이렇게 선언했는데, 이제 화를 내면 정반대를 말합니다. "난 당신이 필요치 않아요! 가까이 오지 마세요! 만지지 마세요!" 당신은 오히려 방에 들어가 문을 잠그고, 상대가 필요 없다는 것을 보여주려고 힘껏 노력합니다. 이것은 매우 인간적이고 지극히 평범한 경향이지만, 지혜는 아닙니다. 행복은 혼자의 문제가 아닙니다. 둘 중 하나가 불행하다면 상대가 행복하기는 불가능합니다.

1. "나는 화가 났어요. 괴로워요."
"사랑해"라고 말하는 것은 좋은 일이고, 중요합니다. 우리의 기쁨과 좋은 감정을 사랑하는 사람과 나누는 것은 자연스러운 일입니다. 그러나 상대 때문에 고통스러울 때, 화가 날 때, 당신의 기분을 상대에게도 알려야 합니다. 그럴 권리가 있습니다. 이것이 진실한 사랑입니다. "나는 당신에게 화가 났어요.

괴로워요"라고 최선을 다해서 조용히 말하세요. 목소리에 약간의 슬픔이 배어 있을 수 있습니다. 그건 괜찮아요. 벌을 주거나 비난하는 말은 하지 마십시오. "나 화가 났어요. 고통스럽고, 당신이 그걸 알았으면 좋겠어요." 이것은 사랑의 말입니다. 당신이 파트너로서, 또는 남편과 아내로서 서로를 돕기로 서약했기 때문입니다. 아버지와 아들, 어머니와 딸도 짝이기 때문에 상대가 자녀나 부모여도 말을 해야 합니다.

괴로울 때 이를 상대에게 말할 의무가 있습니다. 행복할 때 당신의 행복을 상대와 함께 나누십시오. 고통스러울 때면 사랑하는 사람에게 고통을 말하세요. 상대가 당신을 화나게 했다고 생각해도 여전히 약속은 지켜야 합니다. 차분하게 그에게 말하세요. 애정을 가지고 말하는 것, 이것이 유일한 조건입니다.

가능한 한 빨리 이 작업을 수행해야 합니다. 24시간 이상, 화나 고통을 혼자 가지고 있어서는 안 됩니다. 그렇게 되면 너무 커집니다. 독이 될 수 있습니다. 상대에게 말할 수 없다면 그 사람에 대한 당신의 사랑, 신뢰가 매우 약하다는 것을 증명하는 셈입니다. 따라서 가능한 한 빨리 그에게 당신의 고통과 화에 대해 말해야 합니다. 24시간이 시한입니다.

당신은 아직 화가 가라앉지 않아서 그 사람에게 말할 수 없다고 느낄 수 있습니다. 당신은 여전히 매우 화가 나 있습니다.

그러면 마음챙김 호흡을 하거나 밖에서 산책을 해보세요. 그런 다음, 마음이 가라앉아서 이야기를 할 준비가 되었을 때 그렇게 하세요. 그러나 시한이 임박했는데도 아직 마음이 가라앉지 않았다면 메모를 쓰세요. 평화의 메모, 평화의 메시지를 쓰세요. 24시간이 지나기 전에 그녀에게 편지를 전달하고 그녀가 그것을 받도록 하세요. 이건 매우 중요합니다. 상대에게 화가 났을 때 이렇게 행동하기로 각자 약속해야 합니다. 그렇지 않으면 평화협정의 조항을 존중하지 않는 것입니다.

2. "나는 최선을 다하고 있어요."
상황을 바꿀 각오를 했다면 앞으로 더 나갈 수 있습니다. 상대에게 당신이 고통스럽다는 사실을 전할 때, "나는 최선을 다하고 있어요"라고 한마디를 더 할 수도 있습니다. 이는 홧김에 행동하는 것이 아니라, 당신이 마음챙김으로써 화를 안아주기 위해, 마음챙김 호흡과 걷기를 실천한다는 것을 의미합니다. 당신은 가르침에 따라 실천하고 있는 것입니다. 실천하지도 않으면서 "최선을 다하고 있어요"라고 하지 마세요. 화가 나면 화에 대처하는 방법을 알기 때문에 "나는 최선을 다하고 있어요"라고 말할 권리가 있습니다. 이 말은 상대의 마음에 신뢰와 존경심을 불러일으킬 것입니다. "나는 최선을 다하고 있어요"란 당신이 약속에 따라 자신으로 돌아가서 화를 잘 돌보겠다는 뜻입니다.

당신의 화는 아기와 같아서 당신이 돌보아야 합니다. 위가
불편하면 자기 자신으로 돌아가서 위를 안아주어야 하는 것과
같습니다. 당신의 위는 그 순간에 당신의 아기입니다. 우리의
위가 육체적 작용, 생리적 작용의 하나라면, 화는 마음 작용의
하나입니다. 우리는 위나 신장을 돌보는 것처럼 화를 돌보아
야 합니다. 당신은 "화, 너 썩 사라져 버려, 너는 내 것이 아니
야." 이렇게 말할 수는 없습니다. "나는 최선을 다하고 있어요"
라고 말하는 것은, 당신이 화를 안아주어서 잘 돌보고 있기 때
문입니다. 당신은 마음챙김 호흡과 걷기를 실천하면서, 화의
에너지를 방출해서 그것을 긍정적인 에너지로 바꿉니다.

당신은 당신의 화를 안아주면서 그 화의 본성을 보기 위해
깊이 관찰합니다. 당신이 잘못된 인식의 희생자일 수 있음을
스스로 알고 있기 때문입니다. 당신이 들은 것과 본 것을 오해
했을 수도 있습니다. 상대의 언동에 대해 잘못 생각하고 있을
수 있습니다. 당신의 화는 그러한 무지와 잘못된 인식에서 비
롯됩니다. "나는 최선을 다하고 있어요"라고 말할 때, 당신은
지금까지 잘못된 인식 때문에 여러 번 화를 냈다는 것을 생생
히 의식하고 있습니다. 그래서 지금 당신은 아주 신중합니다.
당신이 잘못된 언동의 희생자라고 스스로 쉽게 단정 지을 수
없다는 사실을 기억합시다. 당신의 마음속 지옥을 만든 것은

당신 자신인지도 모릅니다.

3. "제발 도와주세요."

세 번째 문장은 자연스럽게 나옵니다. "도와주세요. 자기, 당신의 도움이 필요해요." 이것은 참된 사랑의 말입니다. 상대에게 화가 나면 정반대로 말하는 경향이 있습니다. "만지지 말아요! 당신은 필요 없어요. 당신 없이도 잘할 수 있어요!" 그러나 당신은 서로를 잘 보살피기로 약속했습니다. 따라서 실천하는 방법을 알더라도 괴로울 때면 실천하는 데 상대의 도움이 여전히 필요한 것은 매우 자연스러운 일입니다. "자기, 당신의 도움이 필요해요. 나를 도와줘요."

위의 세 가지 문장을 쓰거나 말할 수 있다면 당신은 진정으로 사랑할 수 있습니다. 당신은 진정한 사랑의 말을 사용하고 있는 것입니다. "나는 괴롭고 당신이 그걸 알아주면 좋겠어요. 최선을 다하고 있어요. 당신을 포함해 아무도 비난하지 않으려고 노력하고 있어요. 우리는 아주 가까운 사이이고 서로에게 약속했기에, 이 고통과 화의 상태에서 벗어나기 위해서는 당신의 지지와 도움이 필요하다고 느껴요." 위의 세 문장을 사용하여 상대와 소통하면 금방 상대를 안심시키고 그의 고통을 누그러뜨릴 수 있습니다. 당신이 이런 식으로 화에 대처하면 상대와 자신에게 많은 자신감과 존경심을 불러일으킬 것입니다. 별로 어렵지 않아요.

함께 화를 변화시키기

제가 당신의 상대라고 해봅시다. 당신이 이 세 문장을 저와 나눈다면, 당신이 저에게 매우 충실한 사람이고, 저를 진정으로 사랑한다는 사실을 알게 될 겁니다. 당신이 행복할 때 행복을 나눌 뿐만 아니라, 고통을 겪을 때면 고통도 함께 나눕니다. 당신이 제게 최선을 다하고 있다고 말할 때, 저는 진정한 수행자인 당신에게 신뢰와 존경을 품게 됩니다. 당신은 당신이 배운 것, 가르침, 그리고 당신의 수행 공동체에 성실합니다. 당신이 위 세 문장대로 수행할 때, 당신은 스승과 승가를 마음으로 안아주고 있습니다.

　당신이 최선을 다하고 있기에 결국 저도 최선을 다하게 됩니다. 저는 자신으로 돌아가서 수행합니다. 당신에게 걸맞기 위해 저는 깊이 들여다보면서 최선을 다해야 합니다. 그래서 "내가 무슨 말을 했길래, 내가 무슨 짓을 했길래 저 사람이 저렇게 괴로워할까? 내가 왜 그랬을까?"라고 자문해 봐야 합니다. 당신 말을 듣는 것만으로, 당신이 건네준 평화 메모를 읽기만 해도, 나는 회복할 수 있습니다. 부처님의 법이 당신을 움직인 이

후, 이제 나를 움직이기 시작하고, 이제 내가 마음챙김 에너지를 채워 살아갈 차례입니다.

그래서 상대가 당신의 메시지, 사랑의 메시지를 받았을 때, 그는 당신의 사랑, 당신의 언어, 그리고 당신의 실천으로 감동할 것입니다. 메시지가 전달되면 상대는 큰 각성과 존경심을 갖게 됩니다. 그는 기꺼이 자신으로 돌아가 당신을 괴롭힌 언동이 있었던지를 반성할 것입니다. 이렇게 당신의 수행은 그에게 전달됩니다. 그는 당신이 최선을 다하고 있음을 알게 될 것입니다. 그리고 그것에 대응하여 그도 최선을 다하고 싶어질 것입니다. 그는 조용히 자신에게 "나도 최선을 다하고 있어요"라고 말할 것입니다.

멋진 일이죠. 두 사람 다 수행하고 있는 거지요. 이제 두 사람 모두의 마음속에 부처님의 법이 있고, 부처님이 각자 안에 살아 계십니다. 더 이상 위험은 없습니다. 당신은 자신에게로 돌아가서, 상황을 진정으로 이해하기 위해 깊이 들여다보는 수행을 하고 있습니다. 그동안 당신 중 하나가 실제로 무슨 일이 일어나고 있는지 통찰을 얻게 된다면, 바로 상대방에게 알려주어야 합니다.

당신은 당신이 잘못 생각해서 화가 났다는 것을 깨달을지도 모릅니다. 그런 통찰이 생기면 바로 상대에게 이야기해 주어야 합니다. 별거 아닌 일로 화를 내서 미안하다고 알려주어야 합니다. 그녀는 잘못한 것이 없습니다. 당신은 상황을 오해했기 때문에 화를 냈습니다. 그녀에게 전화를 걸고, 팩스를 보내고, 이메일을 보내십시오. 그녀는 여전히 당신의 고통에 대해 매우 걱정하고 있을 것이기 때문입니다. 이렇게 하면 그녀는 즉시 편안해질 것입니다.

상대도 반성하면서, 자신이 짜증이나 오해로 인해 말하고 행동했다는 사실을 깨달을지도 모릅니다. 자신의 언동을 후회하고 있다면 그 통찰도 당신과 공유해야 합니다. "요전에는 별로 신경 쓰지 못했어요. 제가 뭔가를 잘못 말했었죠. 오해했어요. 제가 미숙해서 불친절했던 거예요. 당신을 괴롭힐 의도는 없었어요. 미안하고, 다음에는 더 잘하고, 더 마음챙김을 해볼게요." 이런 메시지를 받으면 고통이 그치고 마음속으로 상대에게 큰 존중심을 가지게 됩니다. 이러면 상대도 같은 수행자가 되는 셈입니다. 서로에 대한 상호 존중은 계속 깊어지고 있는데, 이런 존중의 태도야말로 진정한 사랑의 기초입니다.

특별한 손님

베트남 전통에서 남편과 아내는 서로를 손님처럼 대하라고 합니다. 상대를 정말 존중하는 것이죠. 상대 앞에서 옷을 갈아입지 않습니다. 당신은 상대를 공경하는 마음으로 행동합니다.

상대에 대한 존중이 사라지면 진정한 사랑은 오래갈 수 없습니다. 서로를 존중하고 손님으로 대하는 것은 동양 사회의 전통입니다. 나는 이러한 태도가 적어도 옛날에는 서양에도 존재했다고 믿습니다. 그러한 상호 존중이 없으면 사랑은 오래가지 않습니다. 화 등의 부정적인 에너지가 득세하기 시작할 것입니다.

플럼빌리지—우리의 프랑스 수련회 센터—에서 거행되는 결혼식에서 부부는 서로에게 절을 하며 존중을 표합니다. 그것은 각자의 내면에 불성佛性—깨달음을 얻는 능력, 즉 위대한 자비심과 위대한 이해력을 발현시키는 능력—이 있기 때문입니다. 당신이 존중심을 갖고 파트너에게 절을 하면 당신은 상대를 향한 당신의 사랑을 의식하게 됩니다. 다른 사람에 대한 존중이 하나도 남아 있지 않다면 사랑은 죽은 것입니다. 바로 이 때문에 우리는 조심해서 상호 존중을 키우고 유지해야 합니다.

진실한 사랑이 담긴 이 세 가지 문장을 사용하며 깊이 들여다보면서 갈등에서 우리의 책임을 인정하는 것은, 상대를 존중하고 우리의 사랑을 키우는 확실한 방법입니다. 진실한 사랑이 담긴 위 세 개의 문장을 과소평가하지 마십시오.

주머니 속 조약돌

위의 세 마디 문장에 들어 있는 모든 분자分子는 전적으로 진정한 사랑으로 구성됩니다. 사랑은 모든 것을 가능하게 합니다. 이 세 마디 말을 신용카드 크기의 종이에 적어 지갑에 넣고 다니십시오. 그 종이 한 장이 당신을 구원하는 것으로 여겨서 그것을 존중하세요. 그것이 서로에 대한 약속을 상기시켜 주기 때문입니다.

우리 중 일부는 앞마당에서 아름다운 조약돌 하나를 주워서 주머니에 넣고 다닙니다. 우리는 그걸 매우 조심스럽게 씻어 항상 지참합니다. 주머니에 손을 넣을 때마다 작은 조약돌을 만지며 살며시 움켜쥡니다. 우리는 마음챙김 호흡을 하면 매우 평화로워집니다. 성이 나면 그 조약돌은 가르침이 되어서 우리에게 세 개의 문장을 상기시켜 줍니다. 조약돌을 쥐고 차분하게 숨을 들이쉬고 내쉬면서 미소를 짓는 것도 큰 도움이 됩니다. 조금 유치하게 들려도 이런 행위는 아주 효과적입니다. 학교에 있거나, 직장에서 일하거나, 또는 쇼핑할 때 당신을 자신에게로 돌아가도록 상기시켜 주는 물건이 하나도 없다고 합시다. 그때 주머니 속의 작은 조약돌은 교사이자 동료 수행자가 됩니다. 그것은 우리를 잠시 멈추게 하고 호흡으로 돌아갈 수 있게 하는 마음챙김의 종이 됩니다.

많은 사람이 묵주를 사용하면서 예수나 아미타불의 이름을 부릅니다. 이 조약돌은 일종의 묵주인데, 스승이 항상 당신과 함께하고 있다는 사실, 법우法友가 항상 당신과 함께 있다는 사실을 상기시켜 줍니다. 그것은 당신이 다시 호흡으로 돌아가게 하고, 당신의 마음속에 사랑이 생기게 하고, 그 사랑이 꺼지지 않도록 도와줄 것입니다. 그것은 당신 안에 깨달음을 계속 유지하는 데 도움이 될 수 있습니다.

4장 변화

에너지 지대

우리는 화가 날 때는 맞대응하지 말아야 한다는 것을, 즉 말이나 행동을 삼가야 한다는 것을 압니다. 홧김에 언동을 하는 것은 현명하지 않습니다. 우리는 스스로를 돌아보며 분노를 잘 돌보아야 합니다.

화는 우리 안의 에너지 지대이고, 우리의 일부입니다. 화는 우리가 돌봐야 하는 아픈 아기와 같습니다. 최선의 방법은 화를 안아서 돌볼 수 있게 별도의 에너지 지대를 만드는 일입니다. 이 두 번째 에너지 지대가 마음챙김의 에너지입니다. 마음챙김은 부처님의 에너지입니다. 우리는 그 에너지를 이용할 수 있고, 마음챙김 호흡과 걷기를 통해서 마음챙김의 에너지를 생성할 수 있습니다. 우리 안의 부처님은 단순한 개념이 아닙니다. 이론이나 관념이 아닙니다. 그것은 실재합니다. 바로 우리 모두가 마음챙김의 에너지를 생성할 수 있기 때문입니다.

마음챙김은 현재 여기에 존재하는 것을 뜻하며, 지금 일어나고 있는 일을 알아차리는 것입니다. 이 에너지는 수행에 꼭 필요합니다. 마음챙김의 에너지는 아픈 동생을 품에 안고 잘 돌보는 형이나 누나, 또는 어머니와 같습니다. 이 아기란 바로 우리의 화, 절망, 또는 질투입니다.

제1의 에너지 지대는 화이고, 제2의 에너지 지대는 마음챙김입니다. 수행이란 마음챙김의 에너지로써 화의 에너지를 인지하고 안아주는 겁니다. 난폭하지 않게 부드럽게 말이지요. 이는 화를 억압하는 행위가 아닙니다. 마음챙김도 당신이고 화도 당신이므로, 자기 자신을 양자가 싸우는 전쟁터로 만들어서는 안 됩니다. 마음챙김은 선하고 옳으며, 화는 악하고 틀렸다고 믿지 마세요. 그렇게 생각하지 마십시오. 화는 부정적인 에너지이고 마음챙김은 긍정적인 에너지인 것만을 알고 있으면 됩니다. 그런 다음, 당신은 긍정적인 에너지를 사용해서 부정적인 에너지를 돌보면 됩니다.

감정은 유기적*

우리의 수행은 '불이(不二, non-duality)'**에 대한 통찰력을 기반으로 합니다. 우리의 부정적인 감정과 긍정적인 감정은 모두 자연스러운 것이며 동일한 실재에 속합니다. 양자를 싸우게 할 필요가 없습니다. 우리는 그저 받아들이고 돌보기만 하면 됩니다. 따라서 불교 전통에서 명상이란 당신을 선·악이 다투는 전쟁터로 바꾸는 것이 아닙니다. 이건 매우 중요합니다. 당신은 악과 싸워서 그것을 마음과 정신에서 쫓아내야 한다고 생각할 수도 있습니다. 그러나 이는 잘못입니다. 수행은 자신을 변화시키는 것입니다. 쓰레기가 없으면 퇴비를 만드는 데 사용할 재료가 없습니다. 퇴비가 없으면 당신의 마음속 꽃에 영양분을 공급할 수가 없습니다. 당신은 당신 안에 고통이나 괴로움이 필요합니다. 그것들은 유기적이기 때문에 그것들을 변화시켜서 잘 이용할 수 있습니다.

---

* organic feelings의 번역어이다.(역주)
** 불이不二: 둘이 아님, 너와 내가 다르지 않음. 결국 상호존재의 의미이다.(역주)

상호존재의 통찰

우리의 수행 방법은 비폭력적이어야 합니다. 비폭력은 '불이不
二', 곧 상호존재(inter-being)를 이해해야만 나올 수 있습니다.
이것은 모든 것이 상호 연결되어 있어서 아무것도 단독으로
존재하지 않는다는 통찰입니다. 타인에게 폭력을 가하는 것은
자신에게 폭력을 가하는 것과 같습니다. '불이'를 이해하지 못
하면 당신은 계속해서 폭력적일 것입니다. 당신은 계속 처벌
하고, 억압하고, 파괴하기를 원할 것입니다. 그러나 일단 당신
이 '불이'의 실재를 꿰뚫어 보게 되면 마음속에 있는 꽃과 쓰레
기 양쪽을 향해 미소를 지을 것이고 둘 다 안아줄 것입니다. 이
통찰이 비폭력적 행동의 기반입니다.

당신이 '불이'와 상호존재를 통찰할 때 비로소 자신의 몸도
최대한 비폭력적으로 돌보게 됩니다. 당신은 화를 비롯한 마
음 작용에 대해서도 비폭력으로 대응하게 됩니다. 당신은 형
제, 자매, 아버지, 어머니, 공동체 및 사회에 대해서도 지극히
부드럽게 돌보게 됩니다. 이런 태도에서는 어떤 폭력도 생길
수 없습니다. 상호존재의 실재를 꿰뚫어 보게 되면 당신은 그
누구도 적으로 간주하지 않을 것입니다.

우리 수행의 기초는 불이와 비폭력에 대한 통찰입니다. 이
통찰은 우리 몸을 부드럽게 다루는 방법을 가르쳐줍니다. 우

리는 우리의 화와 절망을 부드럽게 다뤄야 합니다. 화는 무진(無瞋, 분노 없음)의 요소에 뿌리를 두고 있습니다. 화의 뿌리는 우리가 일상을 살아가는 방식에 있습니다. 우리가 우리 안의 모든 것을 차별 없이 잘 돌본다면, 부정적인 에너지가 지배하는 것을 막을 수 있습니다. 우리는 부정적인 씨앗의 힘을 줄여서 우리를 압도하지 않도록 해야 합니다.

화를 현명하게 표현하기

우리 마음속에 화가 생겨날 때, 그곳에 화가 있고 그것을 돌봐야 한다는 점을 인정하고 수용해야 합니다. 이 순간 우리는 홧김에는 아무 말도 하지 말고 아무 일도 하지 말아야 합니다. 우리는 즉시 우리 자신을 돌아보고 마음챙김의 에너지를 불러내어 우리의 화를 안아주고 인지하면서 잘 돌보아야 합니다.

그러나 우리는 상대방에게 우리가 화가 났고 고통스럽다고 이야기하라는 충고를 듣습니다. "난 괴롭고 화가 나는데, 당신이 그걸 알아줬으면 해요." 그런 다음 당신이 훌륭한 수행자라면 "내 화를 돌보기 위해 최선을 다하고 있어요"라고 덧붙일 테지요. 그리고 세 번째로는 "날 도와주세요"라는 말로 마무리할 수 있습니다. 상대는 여전히 당신과 매우 친하고 가까운 사이이기 때문입니다. 당신은 여전히 그 사람이 필요합니다. 이런 식으로 화를 표현하는 것은 매우 현명합니다. 그건 매우 정직하고 성실한 행위이기도 한데, 왜냐하면 관계의 초기에 당신은 파트너와 긍정적이든 부정적이든 모든 것을 나누기로 서약했기 때문입니다.

이런 종류의 언어, 이런 종류의 소통은 존경심을 불러일으키고 상대도 반성하게 해서 당신처럼 수행하도록 동기를 부여할 것입니다. 상대는 당신이 당신 자신을 존중하고 있음을 알게 될 것입니다. 당신은 화가 났을 때 화를 돌보는 방법을 알고 있음을 분명히 보여줍니다. 당신은 화를 안아주기 위해 최선을 다하고 있으므로 더 이상 파트너를 마치 처벌해야 할 적인 양 생각하지 않습니다. 당신은 상대를 여전히 당신을 지지하는 같은 편으로 봅니다. 이런 세 문장은 매우 긍정적인 말이랍니다.

24시간 이내에 상대에게 전해야 한다는 것을 기억하십시오. 부처님은 승려도 화를 낼 권리가 있지만 하룻밤을 넘기면 안 된다고 말씀하셨습니다. 화를 너무 오래 간직하는 것은 건강에 좋지 않습니다. 하루 이상, 고통이든 화든 숨기지 마십시오. 위의 세 마디를 차분하고 사랑스럽게 말해야 하며, 그렇게 하도록 자신을 수련해야 합니다. 만약 화를 표현할 만큼 침착하지 못하고 시한만 다가온다면 종이에 세 문장을 적어서 전달해야 합니다. "자기, 나는 화가 나고 괴로워요. 왜 당신이 나에게 이랬는지, 이런 말을 했는지 모르겠어요. 내가 괴로워하고 있다는 걸 알아줬으면 해요. 나는 화를 돌보기 위해 최선을 다하고 있어요. 자기, 당신이 날 도와줘야 해요." 당신은 그에게 이런 종류의 평화 메모를 전달하고 그가 그것을 꼭 받을 수 있도록 해야 합니다. 그에게 말하거나 그 메모를 전달하는 바로 그 순간, 당신은 벌써 좀 편해질 것입니다.

금요일 저녁 약속

세 개의 문장과 더불어서 평화 메모에 다음과 같은 내용을 추가할 수 있습니다. "금요일 저녁 함께 앉아 깊이 서로를 들여다보는 시간을 가지면 어떨까요." 사나흘은 더 연습할 수 있도록 월요일이나 화요일에 이렇게 얘기해도 좋겠죠. 금요일까지의 시간 동안 두 사람 모두 과거를 되돌아보고 무엇이 갈등을 일으켰는지 더 잘 이해할 수 있게 될 것입니다. 언제든지 만날 수 있지만 금요일 저녁을 선택한 것은, 해결하고 화해했을 때 멋진 주말을 함께 보낼 수 있기 때문입니다.

금요일 저녁이 오기 전까지 마음챙김 호흡을 실천하고 당신 속의 화의 뿌리를 깊이 들여다보세요. 운전하든, 걷든, 요리하든, 씻을 때든 마음챙김으로 화를 계속 안아주십시오. 그렇게 하면 당신은 당신의 화의 본성을 깊이 들여다볼 기회를 가질 수 있습니다. 당신은 고통의 주요 원인이 당신 속의 화의 씨앗이라는 것, 그리고 당신 자신과 다른 사람들이 그 씨앗에 너무 자주 물을 주었기 때문이라는 것을 알게 될 것입니다.

화는 씨앗의 형태로 우리 안에 있습니다. 사랑과 자비심의 씨앗도 같은 곳에 있습니다. 우리의 의식에는 많은 부정적인 씨앗과 많은 긍정적인 씨앗이 있습니다. 수행이란 부정적인 씨앗에 물을 주지 않고, 긍정적인 씨앗을 골라서 매일 물을 주는 것입니다. 이것이 사랑의 실천입니다.

선택적인 물주기

긍정적인 씨앗에 물을 주어서 자신과 사랑하는 사람들을 보호해야 합니다. 당신은 말합니다. "당신이 만일 나를 돌보고 진정 사랑한다면, 내 안의 부정적인 씨앗에 매일 물을 주지 마세요. 당신이 그렇게 하시면 나는 매우 불행할 것이고, 내가 불행하면 나도 당신을 불행하게 만들 것입니다. 그러니 부디 내 안에 있는 화, 편협함, 짜증, 절망의 씨앗에 물을 주지 마세요. 그리고 나도 당신 안에 있는 부정적인 씨앗들에 물을 주지 않겠다고 약속합니다. 나는 당신 안에도 부정적인 씨앗이 있음을 알고 있으며, 당신 안에 있는 이 씨앗에 물을 주지 않도록 매우 조심할 것입니다. 내가 그렇게 하면 당신이 매우 불행해질 것임을 알기 때문입니다. 그러면 나도 고통을 받을 것입니다. 나는 오직 당신 안에 있는 긍정적인 씨앗, 즉 사랑, 자비심, 이해의 씨앗에만 물을 주겠다고 서약합니다."

플럼빌리지에서 우리는 이것을 '선택적인 물주기'라고 부릅니다. 당신이 쉽게 화를 낸다면, 오랜 세월에 걸쳐 화의 씨앗에 자주 물을 주었기 때문입니다. 그것에 물주기를 허용한 것은 당신입니다. 당신은 주변 사람들과 좋은 씨앗에만 물주기로 합의한 계약에 서명하지 않았습니다. 당신은 자신을 지키는 실천을 하지 않았습니다. 자신을 지키지 않으면 사랑하는 사람을 지킬 수 없습니다.

우리가 우리의 화를 안아주고 잘 돌보면 우리는 편안해집니다. 우리는 화를 깊이 들여다보면 많은 통찰을 얻을 수 있습니다. 최초의 통찰은 우리 안에 있는 화의 씨앗이 좀 커지면 그것이 우리 불행의 주된 원인이 될 수 있다는 것입니다. 이 사실을 보기 시작하면서, 다른 사람은 2차적인 요인임을, 우리가 내는 화의 주된 요인이 아님을 우리는 깨닫게 됩니다.

우리가 계속 깊이 들여다보면 상대도 크게 고통받고 있음을 알 수 있습니다. 스스로 많이 괴로운 사람은 항상 주변 사람들을 괴롭힙니다. 그는 자신의 고통을 다루는 방법, 고통을 안아주고 바꾸는 방법을 모릅니다. 그래서 그의 고통은 나날이 커져만 갑니다. 과거에 우리는 그를 돕지 않았습니다. 우리는 선택적인 물주기를 실천하지 않았습니다. 만일 우리가 그의 안에 있는 긍정적인 씨앗들에 매일 물을 주는 실천을 했다면, 그는 오늘날의 그가 아니었을 것입니다.

선택적인 물주기는 매우 효과적입니다. 1시간의 실천만으로도 큰 변화를 만들 수 있습니다. 상대 안에 있는 꽃에 한 시간 물을 주면 상대의 꽃은 피어날 것입니다. 이는 그다지 어렵지 않습니다.

꽃에 물주기

수년 전, 프랑스의 보르도로부터 어떤 부부가 법회에 참석하기 위해 플럼빌리지에 왔습니다. 우리는 석가탄신일을 축하하고 있었는데, 나는 선택적인 물주기, 꽃 물주기에 대해 이야기하고 있었습니다. 나는 그 부인이 법문 중에 소리 없이 울고 있는 것을 보았습니다. 그 이후 나는 남편에게 다가가 "당신의 꽃은 물을 필요로 합니다"라고 말했습니다. 그는 내 말을 즉시 이해했고 집으로 돌아오는 길에 아내의 긍정적인 씨앗에 물을 주기 시작했습니다. 이 여행은 1시간 10분밖에 걸리지 않았습니다. 집에 도착했을 때, 아이들은 엄마의 아주 생생하고 행복한 모습을 보고 매우 놀랐습니다. 그녀는 오랫동안 그런 모습을 보이지 않았기 때문입니다.

그녀에게는 훌륭한 씨앗이 많이 있었지만, 남편은 그것을 알아채지 못했고, 그것에 물을 주지 않았습니다. 그는 수행하지 않았으므로 그녀의 부정적인 씨앗에만 물을 주었습니다. 그가 그녀의 긍정적인 씨앗에 물을 줄 능력이 없었던 것은 아닙니다. 그는 꽃 물주기에 매우 능숙했지만, 플럼빌리지에 와서 이런 수행을 상기해야 했습니다. 그가 그렇게 하도록 강하게 촉구할 스승이 필요했습니다. 그 때문에 수행 공동체를 갖는 것이 중요합니다. 당신은 승가가 필요합니다. 당신이 이미 알고 있는 것을 상기시켜 줄 형제, 자매 또는 친구가 필요합니다. 부처님의 법(다르마)이 당신 안에 있지만, 그것이 현실로 드러나기 위해서는 거기에 물을 주어야만 합니다. 당신이 사랑하는 사람 안에 있는 긍정적인 씨앗에 물을 주는 수행을 정말로 했다면 그 사람은 오늘 당신을 그렇게 크게 괴롭히지는 않았을 것입니다. 그래서 당신은 당신의 고통에 대해 일부 책임이 있습니다.

도와주러 돌아가기

금요일의 약속 때까지, 갈등에서 당신의 책임을 확인하기 위해 깊이 들여다보십시오. 모든 것을 상대의 탓으로 돌리지 마십시오. 당신 고통의 주된 원인은 당신 안에 있는 화의 씨앗이며 상대는 2차적인 요인일 뿐임을 먼저 인정하십시오.

갈등에서 자신의 책임을 이해하기 시작하면 당신은 훨씬 더 편안해질 것입니다. 마음챙김의 호흡을 하고, 화를 안아주며, 부정적인 에너지를 내보낼 수 있기 때문에 15분의 수행만으로도 훨씬 기분이 좋아질 것입니다.

하지만 상대는 여전히 지옥에 있을지도 모릅니다. 그녀는 여전히 많은 고통을 겪고 있을지도 모르지요. 당신이 사랑하는 사람은 당신의 꽃이고, 당신은 그녀에 대한 책임이 있습니다. 당신은 그녀를 돌보기로 서약했습니다. 당신은 또한 상대의 현재 모습에 부분적으로 책임이 있음을 알고 있습니다. 당신이 수행하지 않고 당신의 꽃을 돌보지 않았기 때문입니다. 당신은 그녀에게 자비심을 느끼고 갑자기 그녀에게 돌아가 돕고 싶은 생각이 들 것입니다. 그 상대는 당신에게 매우 소중한 사람일 수도 있습니다. 당신이 돕지 않는다면 누가 돕겠습니까?

돌아가서 상대를 도우려는 마음이 드는 순간, 당신은 모든 화의 에너지가 자비심의 에너지로 전환되었음을 압니다. 당신의 수행이 결실을 맺은 것입니다. 퇴비와 쓰레기가 다시 꽃으로 돌아갔습니다. 15분, 30분 또는 1시간이 걸릴 수도 있습니다. 그것은 당신의 집중과 마음챙김의 수준에 달려 있습니다. 당신이 수행하면서 얻는 지혜와 통찰의 양에 달려 있습니다.

오늘이 화요일이면 금요일의 예정된 만남까지 아직 3일이 있습니다. 당신은 상대를 더 이상 걱정시키고 괴롭히고 싶지 않습니다. 따라서 자신이 해야 할 바를 파악하고 바로 전화기를 집어 들어 그에게 전화를 겁니다. "자기, 나는 지금 기분이 훨씬 나아졌어. 나는 잘못된 인식의 희생자였던 거야. 내가 어떻게 우리 두 사람 모두 괴롭혔는지 분명히 알았어. 금요일 밤에 대해서는 걱정하지 말아요." 이것은 사랑에서 나온 말입니다.

대부분의 경우 화는 잘못된 인식에서 비롯됩니다. 괴로움의 원인을 들여다보고 화가 잘못된 인식에서 비롯되었다는 사실을 알게 되면 즉시 상대에게 말해야 합니다. 그는 당신을 괴롭히거나 망치고 싶었던 건 아니지만, 어쨌든 당신은 그가 그렇게 했다고 오해했습니다. 우리가 아버지든, 어머니든, 아니면 자녀나 파트너든, 우리는 우리 자신의 인식을 깊이 관찰하는 수행을 해야 합니다.

당신이 옳다고 확신합니까?

한 남성이 장기 출장으로 집을 떠나 있어야 했습니다. 그가 떠나기 전 그의 아내는 임신했었지만, 그는 알지 못했습니다. 그가 돌아왔을 때 아내는 이미 출산한 상태였습니다. 그는 어린 소년이 자기 자식이 아니라고 의심했고, 집으로 와서 가족을 위해 일하던 이웃 남자의 아들이라고 믿었습니다. 그는 의심의 눈으로 소년을 보았고, 그 소년을 미워했습니다. 그는 어린 소년의 얼굴에서 이웃의 얼굴을 보았습니다. 그러던 어느 날 그 남자의 형이 처음으로 찾아왔습니다. 그는 어린 소년을 보고 소년의 아버지에게 말했습니다. "널 닮았어. 붕어빵이야." 형의 방문은 그 남자의 잘못된 인식을 없애는 데 도움이 되었기 때문에 기쁜 일이었습니다. 하지만 잘못된 인식이 이 사람의 인생을 12년 동안 지배해 왔습니다. 그것은 아버지를 깊은 고통에 빠뜨렸습니다. 아내를 크게 괴롭혔고, 그 어린 소년도 자신을 향한 미움 때문에 고통을 받았습니다.

우리는 늘 잘못된 인식에 근거하여 행동하곤 합니다. 우리는 우리가 인식한 그 어떤 것에 대해서도 확신해서는 안 됩니다. 당신이 아름다운 일몰을 바라볼 때 그 순간의 태양을 있는 그대로 보고 있다고 확신할지 모르지만, 어느 과학자는 당신이 보고 있는 태양은 8분 전의 태양의 이미지라고 말합니다. 햇빛은 아주 멀리 떨어져 있어서 지구에 도달하는 데 8분이 걸립니다. 또한 별을 보면 거기에 별이 있는 줄 알겠지만 1천 년, 2천 년, 1만 년 전에 이미 별이 사라졌을 수도 있습니다.

우리는 우리의 인식에 깊이 주의를 기울여야 하며, 그렇지 않으면 고통스럽게 될 것입니다. "정말 확실해?"라고 종이에 써서 방에 걸어두면 정말 도움이 될 것입니다. 진료소와 병원에서는 "확실하더라도 다시 한번 확인하십시오"라는 표지판을 걸기 시작했습니다. 질병을 조기에 발견하지 않으면 완치가 매우 어렵다는 점을 경고한 것입니다. 의사는 마음 작용의 관점에서 생각하지는 않습니다. 그들은 숨은 질병의 관점에서 생각합니다. 그러나 우리 또한 이 슬로건을 활용할 수 있습니다. "확실하더라도 다시 한번 확인하십시오." 우리는 자신의 인식 때문에 우리 자신과 사랑하는 사람들에게 지옥 같은 상황을 만들었습니다. 당신의 인식은 확실합니까?

잘못된 인식으로 10년, 20년 동안 고통받는 사람들이 있습니다. 상대가 선의를 가지고 한 일인데도, 그들은 상대가 자신을 배신했거나 미워한다고 확신합니다. 잘못된 인식의 희생자는 자신만이 아니라 주변 사람들도 크게 괴롭힙니다.

화가 나서 괴로울 때면, 부디 자신을 되돌아보면서 그 인식의 내용과 성질을 아주 주의 깊게 살펴보십시오. 당신이 잘못된 인식을 없앨 수 있다면 마음의 평화와 행복을 되찾고 상대를 다시 사랑할 수 있습니다.

함께 화 들여다보기

만일 당신이 최선을 다해 당신의 화의 원인을 살펴보고 있다는 사실을 알면, 상대도 실천할 의욕이 생깁니다. 운전이나 요리 중에도 그녀는 스스로에게 "내가 무슨 짓을 한 거지? 내 말의 무엇이 그를 그토록 괴롭혔지?"라고 자문하게 됩니다. 이렇게 그녀 또한 깊이 들여다보기를 실천할 기회를 가질 것입니다. 그녀는 과거에 자신이 당신을 고통스럽게 만드는 여러 방식으로 반응했음을 알고 있기 때문입니다. 그녀는 당신의 고통에 대해 책임이 없다는 자신의 믿음을 의심하기 시작합니다. 그녀는 말이나 행동에서 자신이 미숙했음을 알게 되면 전화하거나 팩스를 보내 미안하다고 말해야 합니다.

따라서 두 사람 모두 주중에 통찰을 얻는다면 금요일까지 기다릴 필요는 없습니다. 금요일 저녁은 함께 앉아 맛있는 식사를 하거나 차 한 잔과 케이크 한 조각을 즐기는 아주 즐거운 시간이 될 수 있습니다. 당신은 당신의 사랑과 관계를 축하할 수 있습니다.

어려울 때도 모든 것을 공유하기

둘 다 실천하지 못했다면, 금요일이야말로 깊은 경청과 사랑의 말을 실천하는 시간입니다. 화난 사람은 자신의 마음을 상대에게 말할 권리가 있습니다. 만약 당신의 파트너가 화를 낸다면 당신은 듣기만 하고 맞대응하지 않겠다고 약속했기 때문입니다. 당신은 자비로운 경청을 하는 데 최선을 다해야 합니다. 당신은 비판, 비난, 분석하기 위해서가 아니라, 상대가 자신을 표현하고 고통에서 좀 편해지도록 귀를 기울여야 합니다.

당신이 고통을 나눌 때, 당신의 마음속에 있는 모든 것을 말할 권리가 있습니다. 상대가 모든 것을 알 권리가 있으므로 그것은 당신의 의무입니다. 서로에게 그렇게 하기로 서약했던 것입니다. 마음에 있는 모든 것을 그에게 말해야 하지만 조건 하나는 꼭 지켜야 합니다. 즉 평온하고 사랑을 담은 말이어야 합니다. 초조함이 나타나는 순간, 즉 평온함이나 평정을 잃어 간다고 생각되는 순간, 거기에서 멈추세요. "자기야, 지금은 계속할 수 없어요. 다른 때 만날 수 있을까요? 나는 마음챙김 걷기와 호흡을 더 실천해야 해요. 지금은 내가 최선이 아니어서 사랑의 말에 실패할 것 같아요." 상대는 만남을 나중으로, 다음 주 금요일 정도로 연기하는 데 동의할 것입니다.

당신이 듣는 입장이라면, 마음챙김 호흡을 실천하세요. 마음챙김 호흡을 실천하면서 상대의 말을 듣기 위해 모든 생각이나 개념을 버리세요. 자비심을 가지고, 상대를 안심시킬 것만을 생각해서, 온 존재를 바쳐서 들으세요. 당신은 당신 안에 자비의 씨앗을 가지고 있습니다. 그러니 당신은 상대가 저토록 괴로워하는 것을 보면 자비의 씨앗에 싹이 틉니다. 그러므로 그대는 깊이 경청할 수 있는 위대한 존재, 즉 보살이 되기를 서원합니다. 이 대자대비 관세음보살은 그저 개념이 아니라 실재하는 사람이어야 합니다.

자비심이 있다면 실수하지 않습니다

상대가 고통을 겪는다는 사실을 잊는 경우에만 당신은 실수를 범합니다. 당신은 혼자서만 고통받고 있으며 상대는 당신의 고통을 즐기고 있다고 믿는 경향이 있습니다. 당신이 혼자서만 고통받고 상대는 전혀 고통받지 않는다고 믿게 되면, 당신은 비열하고 잔인한 언동을 하게 됩니다. 당신이 상대가 많이 괴로워한다는 사실을 알면 그 자각은 당신이 깊이 경청하는 보살의 역할을 실천하도록 도와줄 것입니다. 자비심이 이제 작동하게 되고, 경청하는 내내 자비심을 생생하게 유지할 수 있습니다. 당신은 상대에게 최고의 치료사가 될 것입니다.

상대는 말로 비판하고, 비난하고, 징벌적일 수도 있습니다. 그는 아주 신랄하고 냉소적일 수 있습니다. 그러나 당신 안에 자비심이 여전히 있어서 그런 말로 당신은 영향을 받지 않습니다. 자비심이라는 감로수는 참 놀랍습니다. 그 자비심을 생생하게 유지하기 위해 노력한다면 당신은 보호 받을 것입니다. 상대의 말은 당신의 화와 짜증을 유발하지 않을 것입니다. 자비심은 화에 대한 진정한 해독제이기 때문입니다. 자비심외에는 화를 치유할 수 있는 것이 없습니다. 그래서 자비심의 수행은 정말로 훌륭한 것입니다.

자비심은 이해가 있을 때만 가능합니다. 무엇을 이해하지요? 상대가 고통받고 있고 내가 도와야 한다는 사실을 이해하는 것입니다. 내가 돕지 않으면 누가 돕겠습니까? 경청하면 상대의 말에서 잘못된 인식을 많이 볼 수 있습니다. 하지만 그녀가 그릇된 인식의 희생자임을 알기 때문에 당신은 여전히 자비롭습니다. 당신이 그녀를 고치려고 그녀의 말을 끊어버리면, 그녀는 자신을 충분히 표현하지 못하게 됩니다. 그러니 앉아서 온 정신을 집중해서, 최선의 의도를 갖고 경청하십시오. 그러면 이는 대단히 치유적입니다.

만약 당신이 그녀가 잘못된 인식을 고치는 것을 도우려면, 당신은 때가 올 때까지 기다려야 합니다. 듣고 있는 동안, 당신의 유일한 목표는 그녀가 목소리를 내고 자신의 마음속을 드러낼 수 있는 기회를 주는 것입니다. 아무 말도 하지 마세요. 오늘 금요일 저녁은 전적으로 그녀가 발언하는 날입니다. 그냥 들으세요. 아마도 며칠 후에, 그녀가 기분이 훨씬 나아지면, 당신은 그녀의 인식을 고치는 데 필요한 정보를 그녀에게 줄 수 있습니다. "요 전날 당신이 뭐라고 했지만, 그건 실제로 일어난 일은 아니야. 일어난 일은 …" 잘못을 고칠 때에도 사랑의 말로 하세요. 필요한 경우 실제로 일어난 일을 알고 있는 제

3자에게 정말로 일어난 일을 그녀에게 말하게 해서, 잘못된 인식에서 벗어나도록 요청하십시오.

인내는 진정한 사랑의 징표

화는 생물입니다. 그것은 올라온 것이어서, 내려가는 데 시간이 필요합니다. 상대의 화가 전적으로 잘못된 인식에서 비롯된 것임을 납득시킬 수 있는 분명한 증거가 있더라도 즉시 개입하지 마십시오. 갈망, 질투, 그리고 모든 괴로움과 마찬가지로 화도 가라앉는 데 시간이 필요합니다. 이는 상대가 상황을 오해하고 있음을 깨닫고 난 후에도 마찬가지입니다. 선풍기를 끄더라도 멈추기 전에 수천 번 더 회전합니다. 화도 그렇습니다. 상대가 즉시 화를 멈추기를 기대하지 마십시오. 그건 비현실적입니다. 화가 천천히 가라앉도록 해야 합니다. 그러니 서두르지 마세요.

인내는 진정한 사랑의 표시입니다. 아버지는 아들딸 자식에게 사랑을 보이기 위해 인내해야 합니다. 어머니도 아들도 딸도 그래야 합니다. 사랑하고 싶다면 인내하는 법을 배워야 합니다. 인내하지 않으면 상대를 도울 수 없습니다.

당신은 자신에게도 인내해야 합니다. 자신의 화를 안아주는 실천은 시간이 걸립니다. 그러나 5분 동안의 마음챙김 호흡,

마음챙김 걷기, 화 안아주기만으로도 효과가 있을 수 있습니다. 5분이 부족하면 10분, 10분이 부족하면 15분을 쓰세요. 자신에게 필요한 만큼의 시간을 주십시오. 마음챙김 호흡과 걷기의 실천은 화를 안아주는 훌륭한 방법입니다. 조깅하는 것조차 큰 도움이 됩니다. 감자를 요리할 때와 마찬가지로 적어도 15분에서 20분 동안 불을 계속 때세요. 생감자는 먹을 수 없습니다. 당신은 마음챙김의 불로 당신의 화를 요리해야 합니다. 10분 또는 20분이 소요될 수 있습니다. 더 걸릴 수도 있습니다.

승리하기

감자를 요리하는 동안 열이 새어나가는 것을 방지하기 위해 냄비 뚜껑을 덮어야 합니다. 그것이 집중입니다. 그러므로 화를 돌보기 위해 걷기나 호흡을 실천하는 동안 아무것도 하지 마십시오. 라디오를 듣지 말고, 텔레비전을 보지 말고, 책을 읽지 마십시오. 냄비를 덮고 한 가지만 하십시오. 아기를 잘 돌보는 것처럼 깊은 걷기 명상과 깊은 마음챙김 호흡을 수행하고 자신의 100%를 사용하여 화를 안아주십시오.

얼마 동안 안아주고 깊이 들여다보면 통찰이 생기고 당신의 화는 줄어들 것입니다. 기분이 훨씬 나아지고, 돌아가서 상대를 도와주고 싶어질 것입니다. 이제 냄비 뚜껑을 열면 감자에서 좋은 냄새가 납니다. 당신의 화는 자애의 에너지로 바뀔 것입니다.

이것은 가능합니다. 그것은 튤립과 같습니다. 태양의 에너지가 충분히 강할 때 튤립은 자신을 열어 태양에 마음을 보여줄 수밖에 없습니다. 당신의 화는 일종의 꽃입니다. 마음챙김의 햇빛으로 화를 안아주어야 합니다. 마음챙김의 에너지가 화의 에너지 안으로 스며들게 하십시오. 5~10분간의 마음챙김이면 당신의 화는 바뀔 것입니다.

모든 초목이 햇빛에 민감한 것처럼 화, 질투, 절망 등 모든 부정적인 마음 작용은 마음챙김에 민감합니다. 마음챙김은 부처님의 에너지이므로, 마음챙김의 에너지를 양성함으로써 몸과 의식을 치유할 수 있습니다. 기독교에서는 예수 안에 하나님의 에너지, 성령의 에너지가 있다고 합니다. 그래서 그는 많은 사람을 고칠 수 있었습니다. 그의 치유 에너지를 성령이라고 합니다. 불교 용어로 하면 그 에너지는 부처님의 에너지, 마음챙김의 에너지입니다.

마음챙김은 집중, 이해, 자비심의 에너지를 가지고 있습니다. 따라서 불교 명상 수행은 에너지를 생성하는 수행으로서, 우리에게 집중, 자비심, 이해, 사랑과 행복을 줍니다. 수련 센터의 모든 사람이 그렇게 하고 있으므로, 우리는 함께 강력하고 집단적인 에너지 지대를 제공하는 셈이고, 그 에너지 지대는 우리와 함께 지내기 위해 오는 사람들을 안아주고 보호합니다.

한 차례만 수행해도 우리는 화를 돌보는 능력이 있음을 실감합니다. 우리는 자기 자신과 사랑하는 사람들을 위해 승리했습니다. 우리가 진다면 사랑하는 사람들도 집니다. 그러나 우리가 승리하면 우리는 다른 사람을 위해서도 이긴 것입니다. 따라서 상대가 수행의 방법을 모른다고 해도, 우리는 자신과 상대 모두를 위해 수행할 수 있습니다. 당신이 수행을 시작하기 위해 상대가 수행할 때까지 기다리지 마십시오. 당신은 당신 두 사람 모두를 위해 수행할 수 있습니다.

5장 자비로운 소통

당신은 부모님과 전혀 대화가 안 되던 시기가 있었을 겁니다. 같은 집에 살면서도 아버지나 어머니가 너무 멀게 느껴졌을 것입니다. 이런 상황에서는 부모와 자식 모두 고통을 받습니다. 각자 오해와 증오, 벽밖에 존재하지 않는다고 믿고 있습니다.

그런데 부모와 자식 모두 그들이 서로 공통점이 많다는 것을 모릅니다. 그들은 둘 다 서로를 이해하고 용서하고 사랑할 수 있는 능력이 있음을 모릅니다. 그러므로 화와 다른 부정적인 요소들이 우리를 지배하지 않도록 우리 안에 항상 존재하는 긍정적인 요소를 인지하는 것이 매우 중요합니다.

구름 뒤의 햇살

비가 오고 있을 때 햇빛이 없다고 생각합니다. 하지만 비행기로 높이 날아 구름을 뚫고 올라가면 우리는 다시 햇빛을 발견합니다. 우리는 햇빛이 항상 거기에 있음을 압니다. 화나 절망의 시간에 우리의 사랑도 거기에 있습니다. 소통하고, 용서하고, 자비로운 우리의 능력은 여전히 존재합니다. 이것을 믿어야 합니다. 우리는 우리의 화와 고통 이상의 존재입니다. 우리는 우리 안에 사랑하고 이해하고 자비로울 수 있는 능력이 있음을 인정해야 합니다. 이를 알면 비가 올 때도 절망하지 않을 것입니다. 비가 온다는 것을 알지만 햇빛도 여전히 어딘가에 있음을 압니다. 비는 곧 그치고 태양은 다시 빛날 것입니다. 희망을 가지세요. 당신과 상대 속에 긍정적인 요소들이 여전히 존재한다는 것을 스스로에게 상기시킬 수 있다면, 당신은 곤란을 돌파할 수 있고 그래서 당신 두 사람 안에 있는 최선의 것이 생겨날 것임을 알게 될 것입니다.

수행은 그걸 위해 존재합니다. 수행은 당신이 햇빛을 만나고, 부처님과 당신 안의 선善을 만나는 일을 도와서 당신이 상황을 바꿀 수 있게 할 것입니다. 당신은 이 선을 부르고 싶은 대로, 당신의 영적 전통에서 당신에게 친숙한 무엇으로도 부를 수 있습니다.

당신이 평화를 누릴 수 있다는 사실을 마음 깊이 알아야 합니다. 부처님의 에너지가 당신 안에 있다는 확신을 강화하십시오. 당신이 해야 할 유일한 일은 이 에너지에 도움을 청하는 것입니다. 마음챙김 호흡과 걷기, 마음챙김의 좌선 수행을 통해 도움을 청할 수 있습니다.

깊이 경청하는 수련

소통은 하나의 수행입니다. 소통하려면 능숙해야 합니다. 선의만으로는 부족합니다. 당신은 소통하는 방법을 배워야 합니다. 아마도 당신은 경청의 능력을 잃어버렸을지도 모릅니다. 어쩌면 상대가 너무 자주 찌르는 말을 하고 항상 저주하고 비난했기 때문에, 당신은 이제 질려버렸을 수도 있습니다. 더 이상 들어줄 수가 없습니다. 당신은 상대를 피하려고 합니다. 당신은 더 이상 그 사람의 말을 들을 능력이 없습니다.

당신은 공포에서 그를 피하려고 합니다. 고통받고 싶지 않아서입니다. 그러나 이것은 또 오해를 불러일으키고 당신이 그를 경멸한다고 느끼게 할 수 있습니다. 이것은 그를 많이 괴롭힙니다. 당신은 그를 거부하고 그의 존재를 무시하고 싶다는 인상을 그에게 줍니다. 당신은 그를 마주하면서 동시에 피할 수 없습니다. 유일한 해결책은 다시 소통할 수 있도록 자신을 수련하는 것입니다. 깊은 경청이 바로 그 길입니다.

많은 사람이 아무도 그들 자신이나 그들의 상황을 이해하지 못한다고 느끼면서 괴로워하고 있습니다. 모두가 너무 바쁘고 들을 능력이 없는 것 같습니다. 그러나 우리는 누구나 우리의 말에 경청할 사람을 필요로 합니다.

오늘날 심리치료를 하는 사람들이 있는데, 그들은 당신이 마음을 열 수 있도록 당신 옆에 앉아서 당신의 말을 경청합니다. 진정한 심리치료사가 되려면 깊이 경청해야 합니다. 진정한 심리치료사는 편견이나 판단 없이 자신의 존재 전체로써 경청하는 능력을 갖고 있어야 합니다.

나는 심리치료사가 이러한 경청 능력을 얻기 위해 어떤 수련을 하는지 모릅니다. 치료사도 고통으로 가득 차 있을 수 있습니다. 앉아서 내담자의 말을 듣는 동안 자신 속에 있는 고통의 씨앗에 물을 줄 수도 있습니다. 치료사가 자신의 고통에 압도된다면 어떻게 내담자의 말을 제대로 들을 수 있겠습니까? 당신이 치료사가 되기 위해 수련 받을 때 깊은 경청의 기술을 배워야 합니다.

공감하면서 경청한다는 것은, 당신이 진실로 듣고 진실로 이해하고, 온 존재로 곧 가슴으로 듣는다고 상대가 느낄 수 있도록 당신이 듣는 것을 의미합니다. 그러나 우리 중 얼마나 많은 사람이 그렇게 들을 수 있습니까? 우리는 상대의 말을 제대로 들을 수 있도록 가슴으로 들어야 한다는 원칙에는 동의합니다. 우리는 화자에게 누군가가 자신을 경청하고 이해하고 있다는 느낌을 주어야 한다는 데에는 동의합니다. 그것만이 그에게 안도감을 줍니다. 그러나 실제로 우리 중 얼마나 많은 사람이 그렇게 들을 수 있습니까?

평안을 주기 위한 경청

깊은 경청, 자비로운 경청은 분석하거나 심지어 과거에 일어난 일을 폭로할 목적으로 듣는 것이 아닙니다. 당신이 경청하는 것은 먼저 상대를 안심시키기 위해, 말할 기회를 주고, 누군가가 마침내 그 자신을 이해한다는 느낌을 주기 위해 듣는 것입니다. 깊은 경청은 상대가 말하는 동안 우리가 자비심을 유지하는 데 도움이 되는 듣기인데, 30분 또는 45분 정도 걸립니다. 경청하는 동안 당신은 오직 한 가지 생각, 한 가지 욕구만을 마음에 둡니다. 즉 상대에게 말할 기회를 주고 그가 고통을 덜 받게 하기 위해서입니다. 이것이 당신의 유일한 목적입니다. 과거를 분석하고 이해하는 따위의 것들은 이 작업의 부산물에 불과합니다. 그러니 먼저 자비심으로써 경청하십시오.

자비심은 화와 원한의 해독제

당신이 경청하는 동안 자비심을 유지하면 화와 짜증이 일어나지 않습니다. 그렇지 않으면 상대의 말이 당신의 짜증과 화와 고통을 유발합니다. 자비심만 있으면 짜증이 나거나 화를 내거나 절망에 빠지지 않도록 당신을 보호할 수 있습니다.

 그래서 당신은 듣는 동안 위대한 존재처럼 행동해야 합니다. 왜냐하면 상대가 너무 많은 고통을 겪고 있고, 당신이 관여해서 그를 구원해야 한다는 것을 당신이 알고 있기 때문입니다. 그 일을 감당하기 위해서는 장비가 필요합니다.

 소방관이 화재를 진압할 때는 적절한 장비가 있어야 합니다. 사다리, 물, 화재로부터 보호할 수 있는 방화복이 있어야 합니다. 그들은 불에서 자신을 보호하면서 불을 끄는 갖가지 방법을 알아야 합니다. 고통받는 사람의 말을 깊이 들을 때, 당신은 화재 지대에 발을 들이는 것과 같습니다. 당신이 경청하는 사람 속에는 고통의 불, 화의 불이 타오르고 있습니다. 장비가 제대로 갖춰져 있지 않으면 도움을 줄 수 없고, 상대의 불에 의해 피해자가 될 수 있습니다. 그래서 장비가 필요합니다.

 여기에서 당신의 장비는 자비심입니다. 이 자비심에 영양을 공급하고 이 마음을 생생하게 살려두는 것은 마음챙김 호흡입니다. 그 호흡은 마음챙김의 에너지를 생성합니다. 마음챙깊 호흡은 상대가 말할 수 있도록 돕고자 하는 당신의 기본적인 욕구를 유지하게 합니다. 상대의 말에는 원한과 비난과 비판으로 가득 차 있을 수 있습니다. 그의 말은 당신 속에 고통의 불을 일으킬 수 있습니다. 그러나 마음챙김 호흡 수행이 당신 안에 자비심을 살려두면 당신은 보호를 받습니다. 당신은 앉은 채로 고통 없이 한 시간 동안 경청할 수 있습니다. 당신의 자비심은 당신이 상대의 고통을 줄이도록 도와준다는 것을 알면서, 당신에게 양분을 공급합니다. 보살이 됩시다. 당신은 최고의 치료사가 될 것입니다.

자비심은 행복과 이해에서 나옵니다. 자비심과 이해가 살아 있다면 당신은 안전합니다. 상대의 말은 당신을 힘들게 하지 않을 것이며, 당신은 경청할 수 있습니다. 당신은 진심으로 듣습니다. 자비심으로써 들을 능력이 없을 때, 진실로 경청할 수는 없습니다. 상대는 당신이 고통에 대해 많은 생각이 있지만 자신을 실제로 이해하지 못하고 있음을 간파할 것입니다. 이해하면 당신은 자비심으로 들을 수 있고, 경청할 수 있습니다. 이때 듣기의 수준은 바로 당신 수행의 열매입니다.

자신에게 자양분 공급하기

고통을 접한다는 것은 우리의 자비심에 자양분을 공급하고,

행복이 있을 때 그것을 인지할 수 있도록 도와줍니다. 아픔을 접하지 않으면 참된 행복이 무엇인지 알 수 없습니다. 그래서 고통을 접하는 것은 우리의 수행입니다. 그러나 우리 각자에게 한계가 있습니다. 우리는 우리가 할 수 있는 것 이상으로 할 수는 없습니다.

그래서 우리는 자신을 잘 돌보아야 합니다. 상대의 고통과 화에 너무 많이 귀를 기울이면 영향을 받습니다. 당신은 고통만 접하고 다른 긍정적인 요소를 접할 기회는 없게 됩니다. 이는 당신의 균형을 무너뜨립니다. 그러므로 일상에서 하늘, 새, 나무, 꽃, 어린이 등 고통을 드러내지 않는 요소들과도 접할 수 있는 실천도 해야 합니다. 이것들은 우리 안에 그리고 우리 주변에 있으면서 상쾌하고, 치유적이고, 우리에게 자양분을 공급합니다.

때때로 당신은 자신의 고통과 걱정 속에서 길을 잃어버립니다. 친구들이 당신을 구하게 하십시오. 그들은 "오늘 아침 하늘이 얼마나 아름다운지 보세요. 안개가 끼어 있지만 정말 아름답습니다. 낙원이 바로 여기에요. 현재로 돌아와서 이 아름다움을 보지 않으실래요?"라고 말할 수도 있습니다. 당신은 공동체와 함께, 그리고 행복할 줄 아는 형제자매들과 함께 있습니다. 그래서 공동체는 당신을 구하고 당신이 삶의 긍정적인 요소와 다시 접할 수 있도록 도와줍니다. 이것이 자양분을 주는 실천입니다. 아주 중요합니다.

시간은 너무 빨리 흐르기 때문에 우리는 기쁨, 평화, 자비와 더불어 하루를 깊이 살 수 있어야 합니다. 매일 아침 나는 부처님께 향 한 개비를 바칩니다. 나에게 주어진 하루의 매 순간을 즐기겠다고 스스로 다짐합니다. 일상의 매 순간을 깊이 즐길 수 있는 것은 마음챙김 걷기와 마음챙김 호흡의 수행 덕분입니다. 마음챙김 호흡과 걷기가 두 명의 친구가 되어서 내가 항상 여기 그리고 바로 이 순간에 깊이 들어와, 주어진 삶의 경이로움을 접할 수 있도록 나를 도와줍니다.

우리는 마땅히 받아야 할 자양분을 공급받아야 합니다. 종소리를 듣는 것은 매우 영양가 있고 유쾌한 실천입니다. 플럼빌리지에서는 전화벨이 울리거나, 시계의 알람이 울리거나, 수도원의 종소리가 초대받는 순간마다, 하던 일 그리고 말과 생각을 일단 멈춥니다. 이것들은 마음챙김의 종입니다. 종소리가 들리면 우리는 몸을 릴랙스하고 자신의 호흡으로 돌아갑니다. 우리는 우리가 살아 있는 사실을 깨닫고, 우리를 위해 주변에 존재하는 수많은 생명의 기적들에 접할 수가 있습니다. 우리는 엄숙함이나 경직이 아닌 즐거움으로써 저절로 멈춥니다. 세 번 숨 들이쉬고 내쉬면서 우리는 살아 있음을 즐깁니다. 멈출 때 우리는 고요와 평화를 회복하고 자유로워집니다. 우리 일이 더 즐거워지고 주변 사람들은 더 생생하게 다가옵니다.

종소리에 맞춰서 하던 일을 잠시 멈추고 숨 쉬는 수행은 일상에서, 아름답고 영양가 있는 요소와 접하는 데 도움이 되는 수행의 한 사례입니다. 혼자서도 할 수 있지만 승가와 함께라면 훨씬 더 쉽게 할 수 있습니다. 공동체는 항상 존재합니다. 당신이 당신 자신의 고통 속에서 길을 잃을 때, 그 종소리는 당신을 구하고 삶의 긍정적인 요소들과 접하게 해줍니다.

자신의 한계를 아는 것도 수행입니다. 비록 당신이 영적인 스승이고 사람들의 고통을 듣는 능력이 있다고 해도, 당신은 한계를 알아야 합니다. 걷기 명상 그리고 차 마시기를 즐겨야 합니다. 충분한 영양을 섭취하기 위해서는 행복한 사람들과의 교류를 즐겨야 합니다. 상대의 말을 경청하기 위해서도, 자신을 돌보아야 합니다. 한편으로는 매일 좋은 영양분을 섭취해야 합니다. 다른 한편으로는 경청의 과업에 잘 어울리도록 자신 속에 자비심을 키우는 실천을 해야 합니다. 당신은 보살처럼 위대한 존재가 되어야 합니다. 보살은 스스로 아주 행복해하면서, 다른 사람들을 고통에서 구할 수 있는 존재입니다.

당신은 당신의 자식입니다

당신은 아버지나 어머니로서 아들이나 딸의 말에 귀를 기울여야 합니다. 당신의 아들과 딸이 당신 자신이므로 이건 아주 중요합니다. 당신의 아이는 당신의 연속입니다. 당신에게 가장 중요한 임무는 당신과 당신 자식 사이의 소통을 회복하는 것입니다. 심장이 제 기능을 하지 못하거나 위장이 나쁘다고 해서 도려내서 버릴 생각을 하지 않습니다. "넌 내 심장이 아니야! 내 심장은 그렇게 움직이지 않아. 너는 내 위장이 아니야! 내 위장은 그렇게 움직이지 않아. 나는 더 이상 너와 아무 관련이 없어!" 이것은 현명하지 못합니다. 당신은 당신의 아들·딸에게 그런 식으로 말할 수도 있는데, 이 또한 현명하지 못합니다.

아들이나 딸이 당신의 자궁에 잉태되는 순간 당신은 당신 자신과 태아를 하나로 봅니다. 뱃속 아기와 대화를 시작할 수도 있습니다. "내 사랑하는 아기, 편안하게 잘 있지? 난 네가 거기 있는 것 알아." 당신은 사랑으로써 그 아기에게 말을 겁니다. 당신이 먹고 마시는 것이 무엇이든 아기도 먹고 마시기 때문에 당신은 몸으로 섭취하는 것에 대해서 민감합니다. 당신의 걱정과 기쁨은 아기의 걱정과 기쁨입니다. 당신과 아기는 하나입니다.

출산한 뒤 탯줄이 잘리면, 당신들의 일체감은 줄어들기 시작할 수 있습니다. 당신의 아들, 딸이 12, 13세가 될 무렵에는 당신은 그 아이들이 당신임을 완전히 잊게 됩니다. 당신은 자식을 별개의 존재로 생각합니다. 서로 문제가 생긴 겁니다. 자녀와의 사이에 문제가 있다는 것은 위장, 심장, 신장에 문제가 있는 것과 같습니다. 자식이 타인, 별개의 존재라고 믿는다면 다음과 같이 말할 겁니다. "저리 가! 넌 내 아들이 아니야! 넌 내 딸이 아니야! 내 아들이라면 그렇게 행동하지 않아. 내 딸은 그런 식으로 행동하지 않아!" 그러나 당신 위장이나 심장에 대해서는 이렇게 말할 수 없으므로, 아들이나 딸에게도 그렇게 말할 수 없습니다. 부처님께서 "고립된 자아는 없다"고 말씀하셨습니다. 당신과 당신의 아들, 당신과 당신의 딸은 여러 세대의 조상들의 연속일 뿐입니다. 당신은 생명의 유구한 흐름의 일부입니다. 자녀가 무엇을 하든 그들이 태아로 있을 때처럼 계속해서 당신에게 깊은 영향을 미칩니다. 당신이 하는 모든 일도 자녀들에게 여전히 깊은 영향을 미칩니다. 그들이 당신에게서 결코 떨어져 나갈 수 없어서입니다. 당신의 행복과 고통은 자식에게도 행복과 고통이며, 그 반대도 마찬가지입니다. 그래서 당신은 소통을 회복하는 작업에 자신의 100%를 투입해야 합니다.

대화의 시작

우리는 혼란과 무지 때문에 우리만 고통을 받는다고 생각합니다. 우리 아들이나 딸은 고통받지 않는다고 믿습니다. 그러나 사실 당신이 괴로우면 언제라도 당신의 자식도 괴롭습니다. 아들 몸의 세포 하나하나에, 딸 몸의 세포 하나하나에 당신은 존재합니다. 아이의 모든 감정과 인식은 당신의 감정이자 인식입니다. 그러므로 우리는 아들과 당신, 딸과 당신이 하나였다는 최초의 통찰을 기억해야 합니다. 자녀와 대화를 시작하십시오.

과거에 당신은 실수를 저질렀습니다. 당신은 당신의 위를 아프게 만들었습니다. 먹고 마시던 방식, 어떤 일에 대해 걱정하던 방식이 위, 내장, 심장에 큰 영향을 주었습니다. 당신은 당신의 심장, 내장, 위에 대해 책임이 있습니다. 거의 비슷하게 당신은 당신의 아들과 딸에 대한 책임이 있습니다. 책임이 없다고 말할 수 없습니다. 당신의 아이에게 다가가서 이렇게 말하는 것이 훨씬 더 현명할 것입니다. "사랑하는 아이야, 수년 동안 너는 많은 고통을 겪었어. 네가 괴로워하면 나도 괴로워. 자식이 괴로운데 내가 어떻게 행복할 수 있겠어? 그래, 나는 우리가 괴로워하고 있음을 인정해. 우리가 그것에 대해 뭘 할 수 있지? 우리가 서로 머리를 맞대고 해결책을 찾을 수 있을까? 우리 얘기할 수 있을까? 정말 소통을 회복하고 싶지만 혼자서는 할 수 있는 게 별로 없어. 너의 도움이 필요해."

부모로서 자식에게 이렇게 말할 수 있다면 상황은 달라질 수 있습니다. 당신이 사랑의 말을 할 줄 알기 때문입니다. 당신의 언어는 사랑, 이해, 깨달음에서 나옵니다. 당신과 자식이 하나라는 사실, 행복과 안녕은 개인의 문제가 아니라는 사실에 대한 깨달음입니다. 이 문제는 쌍방과 관련되어 있습니다. 따라서 자녀에게 하는 당신의 말은 사랑과 이해에서, 고립된 존재는 없다는 이해에서 나와야 합니다. 당신은 자신과 자녀의 본성을 이해하기 때문에 이렇게 말할 수 있습니다. 당신이 그렇게 존재하기 때문에 당신의 딸이 그렇게 존재한다는 것을 당신은 알고 있습니다. 당신들은 상호 의존적입니다. 당신의 아들이 그렇게 존재하니까 당신이 그렇게 존재하는 겁니다. 서로 고립되지 않았습니다.

마음챙김으로 하는 생활의 기술을 수련하십시오. 소통을 회복할 수 있을 만큼 충분히 능숙해질 수 있도록 자신을 수련하십시오. "사랑하는 아들아, 나는 네가 나라는 것을 알아. 네가 나의 연속이고 네가 고통을 겪을 때 내가 행복할 수 있는 방법은 없으니까 여기에 와서 함께 해결하자. 나를 도와줘." 아들도 아버지가 괴로워하면 자신도 행복할 수 없다는 것을 아니까 이런 식으로 말하는 법을 배울 수 있습니다. 마음챙김의 수행을 통해, 아들은 고립된 존재는 없다는 진실에 접할 수 있고 아버지와 소통을 회복하는 법을 배울 수 있습니다. 아들이 주도권을 행사할 수도 있습니다.

같은 일이 파트너 사이에도 일어날 수 있습니다. 당신들은 하나가 되어 살기로 서약했습니다. 당신은 깊은 진심을 담아 당신의 행복과 고통을 나누겠다고 서약했습니다. 새로 시작하려면 상대의 도움이 필요하다고 상대에게 말하는 것은 그러한 서약의 연속일 뿐입니다. 우리는 누구라도 이렇게 말하고 들을 수 있는 능력이 있습니다.

연애편지

남편의 옛날 연애편지를 간직한 프랑스 여성이 있습니다. 그는 결혼하기 전 그녀에게 아름다운 편지를 썼습니다. 그에게서 편지를 받을 때마다 그녀는 모든 문장, 모든 단어를 음미했습니다. 그것들은 참으로 달콤하고 이해가 넘치고 사랑으로 가득한 편지였습니다. 그녀는 편지를 받을 때마다 기뻐서 그가 보낸 모든 편지를 비스킷 상자에 보관했습니다. 어느 날 아침, 그녀는 옷장을 정리하던 중 그의 모든 편지를 보관했던 낡은 비스킷 상자를 찾았습니다. 그녀는 한동안 이 상자를 보지 않았습니다. 편지 상자는 인생에서 가장 멋진 시절, 곧 그녀와 그녀의 남편이 젊었을 때 서로 사랑하고 상대 없이는 살 수 없다고 믿었던 멋진 시절에 대한 이야기를 담고 있었습니다.

그러나 과거 수년 간 남편과 아내 모두 많은 고통을 겪었습니다. 그들은 더 이상 서로 보는 것도, 대화하는 것도 좋아하

지 않았습니다. 더 이상 서로에게 편지를 쓰지 않았습니다. 그
녀가 상자를 발견하기 하루 전, 남편은 그녀에게 출장을 가야
한다고 말했습니다. 그는 집에 있는 것이 즐겁지 않다고 생각
했고, 아마도 여행에서 약간의 행복이나 즐거움을 찾고 싶었
을 것입니다. 그녀는 그것을 알아챘습니다. 남편이 회의 때문
에 뉴욕에 가야 한다고 말하자 그녀는 "일이 있으면 가야죠"라
고 말했습니다. 그녀는 이것에 익숙해졌고, 이제 일상이 되었
습니다. 이어 그는 예정대로 집에 돌아오지 않고 전화를 걸어
"아직 해야 할 일이 있어서 이틀 더 있어야 해"라고 말했습니
다. 그녀는 이것을 아주 쉽게 수용했습니다. 그가 집에 있어도
그녀는 하나도 행복하지 않았기 때문이었습니다.

　전화를 끊고 옷장 정리를 시작했고 상자를 발견했습니다. 그
것은 프랑스에서 아주 유명한 브랜드인 "루" 비스킷 상자였습
니다. 그녀는 그 상자를 한참 전에 열어보았기 때문에 호기심
이 생겼습니다. 그녀는 먼지떨이를 내려놓고 상자를 열었는데
아주 익숙한 냄새가 났습니다. 그녀는 편지 한 통을 꺼내 거기
선 채로 읽었습니다. 그것이 얼마나 달콤했는지! 그의 글은 이
해와 사랑으로 가득 차 있었습니다. 그녀는 메말랐던 땅에 마
침내 비가 내린 것처럼 매우 신선한 기분이 들었습니다. 그녀
는 편지가 너무 멋져서 다른 편지를 열었습니다. 마침내 그녀
는 편지 상자 전체를 식탁으로 가져와 앉아서 차례로 46, 47통

전부 다 읽었습니다. 그녀가 과거에 경험한 행복의 씨앗은 여전히 거기에 있었습니다. 그것들이 켜켜이 쌓인 고통 아래 파묻혀 있지만 여전히 거기에 있었습니다. 그래서 그녀는 남편이 젊고 사랑으로 충만했을 때 쓴 편지를 읽고, 그녀는 자신 속에 있는 행복의 씨앗에 물이 주어지는 것을 느꼈습니다.

이런 일을 할 때 당신은 의식 깊숙이 자리 잡은 행복의 씨앗에 물을 주는 것입니다. 남편은 편지 속의 언어를 최근에는 결코 사용한 적이 없었습니다. 하지만 이제 그녀는 편지를 읽을 때 남편의 달콤한 말을 들을 수 있었습니다. 그들에게 행복은 한때 진실이었습니다. 그들은 왜 지금 지옥 같은 데서 삽니까? 남편이 그녀에게 그런 식으로 이야기하곤 했다는 것을 그녀는 거의 기억하지 못했지만, 그것은 한때 진실이었습니다. 그는 그런 언어로 그녀와 대화할 수 있었습니다.

행복의 씨앗에 물주기

편지를 읽은 한 시간 반 동안, 그녀는 자신 안에 있는 행복의 씨앗에 물을 주었습니다. 그녀는 두 사람 다 미숙했다는 점을 깨달았습니다. 그들은 서로에게 고통의 씨앗에 물을 주었지만, 행복의 씨앗에는 물을 주지 못했습니다. 편지를 다 읽은 후 그녀는 앉아서 그에게 편지를 쓰고 싶은 마음이 생겼습니다.

그들의 관계 초기 당시에 자신이 얼마나 행복했는지를 말하고 싶었습니다. 그녀는 그 황금기의 행복이 재발견되고 재창조되기를 바란다고 썼습니다. 그리고 이제 그녀는 정직하게 그리고 진심으로 그를 다시 "내 사랑"이라고 부를 수 있게 되었습니다.

그녀는 45분에 걸쳐 그 편지를 썼습니다. 그것은 상자 속의 편지를 쓴, 저 매력적인 청년에게 보내는 진정한 러브레터였습니다. 편지를 읽고 쓰는 데는 약 3시간이 걸렸습니다. 수행의 시간이었지만 그녀는 자신이 수행하고 있다는 사실조차 몰랐습니다. 편지를 쓰고 난 후 그녀는 마음이 아주 가벼웠습니다. 편지는 아직 배달되지도 않았고, 남편은 아직 그것을 읽지도 않았습니다. 그러나 그녀는 행복의 씨앗이 다시 깨어나 물을 받았기 때문에 훨씬 기분이 좋아졌습니다. 그녀는 위층으로 올라가 그의 책상 위에 편지를 놓았습니다. 그리고 남은 하루 동안 그녀는 행복했습니다. 그녀는 그 편지들이 그녀의 긍정적인 씨앗에 물을 주었다는 것만으로도 행복했습니다.

편지를 읽고 남편에게 편지를 쓰면서 그녀는 통찰을 좀 얻었습니다. 둘 다 미숙했다는 통찰이었습니다. 두 사람 다 그들에게 어울리는 행복을 지키는 방법을 몰랐습니다. 그들은 말과 행동에서 서로에게 지옥을 만들었습니다. 둘 다 가족, 부부로 사는 것은 받아들였지만 더 이상 행복하지 않았습니다. 이것을 이해한 다음, 그녀는 두 사람이 실천하면 행복이 회복될 수 있다고 확신했습니다. 그녀는 희망으로 가득 차서 더 이상 과거와 같은 고통을 느끼지 않았습니다.

남편은 귀가해서 2층으로 올라가 책상 위의 편지를 보았습니다. 편지에는 이렇게 쓰여 있었습니다. "우리의 고통에 대해, 우리에게 어울리는 행복을 누리지 못하는 사실에 대해 나도 책임이 좀 있어요. 새로 시작해 대화를 회복해요. 평화, 화합, 행복을 다시 현실로 만들어 보자고요." 그는 오래 그 편지를 읽고 그녀가 쓴 내용을 깊이 들여다보았습니다. 그는 자신이 명상을 실천하고 있다는 사실을 몰랐습니다. 그러나 그도 명상을 실천하고 있었습니다. 그는 아내의 편지를 읽으면서 자신 안에 있는 행복의 씨앗에도 물을 주었기 때문입니다. 그는 오랫동안 2층에 머물며 깊이 들여다보면서 전날 그녀가 얻은 것과 같은 통찰을 얻었습니다. 그 통찰 덕분에 두 사람은 새로 시작하고 행복을 회복할 수 있는 기회를 얻게 되었습니다.

요즘 사람들은 연인들도 거의 편지를 주고받지 않습니다. 그들은 전화를 걸고 "오늘 저녁 시간 있어? 우리 밖에서 만날까?" 이것이 전부입니다. 지키는 것이 없습니다. 가련한 일입니다. 우리는 사랑의 편지 쓰는 법을 다시 배워야 합니다. 사랑하는 사람들에게 편지를 쓰십시오. 그가 아버지일 수도, 아들일 수도 있습니다. 당신의 딸, 어머니, 자매, 또는 친구일 수 있습니다.

당신의 감사와 사랑을 편지로 적는 시간을 가져보세요.

작은 기적

당신이 소통을 회복하는 데는 여러 가지 방법이 있습니다. 아들에게 말하기가 너무 힘들다면, 하루나 이틀 동안 마음챙김 걷기와 호흡을 해보는 것은 어떨까요? 그런 다음 앉아서 사랑의 편지를 쓰십시오. 같은 종류의 말을 사용할 수 있습니다. "사랑하는 아들아, 네가 끔찍하게 고통을 겪었다는 것을 알고 있고, 아버지로서 나도 책임이 있어. 내 최선의 부분을 너에게 전달하는 방법을 몰랐기 때문이야. 나는 네가 네 고통을 나에게 말할 수 없었다는 것을 알고 있어. 이걸 바꾸고 싶어. 나는 너를 위해 여기에 있고 싶어. 서로 도우며 소통을 더 잘 하자." 당신은 이런 종류의 언어를 말하는 법을 배워야 합니다.

사랑의 말은 우리를 구원할 것입니다. 자비로운 경청이 우리를 구원할 것입니다. 이것은 수행자인 우리가 일으킨 기적입니다. 당신도 그것을 할 수 있습니다. 당신은 당신의 의식 깊은 곳에 충분한 평화, 충분한 자비와 이해를 가지고 있습니다. 그 깊은 곳을 향해 도움을 청해야 하며 속에 있는 부처님을 불러내십시오. 당신을 응원하는 사랑하는 친구와 함께라면 새로 시작하고 소통을 회복하는 것이 가능합니다.

6장 당신의 반야심경

감사의 순간과 깨달음의 순간

우리 인생에 들어와 있는 사람에게 큰 고마움을 느끼는 순간이 있습니다. 우리는 그 존재에 깊이 감사를 드립니다. 우리는 자비심과 감사와 사랑으로 가득 차 있습니다. 우리는 누구든 인생에서 이런 순간을 경험합니다. 우리는 그 사람이 아직 살아 있고, 여전히 우리와 함께하며, 매우 어려운 시기에 우리 곁에 서 있다는 것에 너무 감사하게 생각합니다. 그런 순간이 또 온다면 그런 기회를 잘 이용하세요.

이 순간을 진정으로 살리려면 혼자 있을 수 있는 곳으로 물러나십시오. 상대에게 곧장 가서 "당신이 있어서 고마워"라고 말하지 마십시오. 그것으로 충분하지 않습니다. 나중에 할 수 있습니다. 바로 그 순간, 방이나 조용한 곳으로 물러나 감사하는 감정에 푹 빠지십시오. 그런 다음 자신의 감정, 감사, 행복을 글로 적어 보십시오. 반 장이나 한 장 정도 최선을 다해 글로 표현하거나 당신의 목소리를 테이프에 녹음하세요.

이 감사의 순간은 깨달음과 마음챙김의 순간, 지성의 순간입니다. 그 순간은 당신의 의식 깊은 곳에서 올라와서 발현됩니다. 당신은 당신 안에 이런 이해심과 통찰이 있습니다. 하지만 화를 내면 감사와 사랑이 그 자리에 존재하는 것 같지 않습니다. 마치 그것들이 한 번도 존재하지도 않은 것처럼 느껴집니다. 그래서 종이에 적어서 안전하게 보관해야 합니다. 가끔 꺼내서 다시 읽어보세요.

많은 불교도가 매일 독송하는 경전, 반야심경은 지혜에 대한 부처님 가르침의 핵심을 담고 있습니다. 당신이 기록한 것도 반야심경입니다. 다른 보살이나 부처님의 마음이 아니라, 당신 자신의 마음에서 나온 경이기 때문입니다. 이것은 당신만의 반야심경입니다.

당신의 반야심경을 매일 외우세요

비스킷 상자에 넣어두었던 러브레터로 구원받은 여성의 이야기에서 우리 모두 배우는 것이 있습니다. 그런 편지들을 진심으로 읽으면 그 편지들로 당신은 구원받습니다. 구세주는 외부가 아니라 내부에서 옵니다. 당신은 남을 사랑할 수 있고, 당신에게는 상대에게 감사하고 고마워할 수 있는 능력이 있습니다. 이것은 축복입니다. 당신이 파트너를 만난 일, 당신의 인생에서 사랑하는 사람이 생긴 일이 행운이란 것은 당신도 알고 있습니다. 왜 이 진실이 헛되이 날아가도록 내버려 둡니까? 그것은 당신의 마음 안에 있습니다. 그래서 당신의 반야심경을 매일 독송해야 합니다. 당신은 그것을 읽어야 합니다. 당신은 당신 안의 사랑과 감사와 접할 때마다, 그 사람의 존재에 다시 감사함을 느끼고 그 존재를 다시 소중히 여깁니다.

상대의 존재를 충분히 고맙게 생각하기 위해서는 혼자 있어야 합니다. 당신이 늘 같이 있으면, 그의 존재를 당연한 것으로 여기게 되고 그의 아름다움과 선함을 즐기지 못할 수 있습니다. 수시로 가령 3~7일은 떨어져 있으십시오. 떨어져 있으면서 그에게 더 고마워할 수 있도록 하십시오. 비록 당신이 멀리 떨어져 있지만, 당신이 그와 항상 함께 있을 때보다 그는 당신에게 더 생생하고 더 확실합니다. 서로 떨어져 있는 동안, 당신은 그가 당신에게 얼마나 중요한지, 얼마나 소중한지를 상기하게 될 것입니다.

부디 당신의 반야심경을 지어서 신성한 장소에 두고 자주 독송하도록 합시다. 그러다가 화가 당신을 덮치고 당신이 화를 안아줄 수 없을 때 당신의 반야심경은 아주 큰 도움이 될 것입니다. 그것을 집어 들고, 숨을 들이쉬고 내쉬면서 독송합시다.

그러면 당장 자신으로 돌아올 것이며, 고통은 많이 줄어들 것입니다. 당신의 반야심경을 읽으면 무엇을 해야 할지, 어떻게 대응해야 할지를 알게 됩니다. 이제 도전은 이것을 스스로 실천하느냐 마느냐 하는 것입니다. 당신은 상황을 만들고, 준비하고, 계획하고, 조직해서, 당신의 지성에서 정말로 이익을 얻을 수 있도록 하십시오. 재능을 활용하여 이런 실천을 나름대로 해보세요.

화의 기슭을 떠나세요

당신은 여전히 고통과 화의 기슭에 서 있습니다. 왜 당신은 이 기슭을 떠나 분노가 없는 저 기슭, 평화와 자유의 피안彼岸으로 이동하지 않습니까? 그곳은 이쪽보다 훨씬 더 즐거운 곳입니다. 왜 몇 시간, 하룻저녁, 심지어 며칠을 화를 내며 괴로워합니까? 당신을 피안으로 재빨리 건네줄 수 있는 배도 있습니다. 그 배는 마음챙김의 호흡을 통해 우리 자신으로 돌아가는 수행인데, 그런 수행을 하면 우리의 고통, 화, 우울을 깊이 들여다보며 그것들에 미소 지을 수 있습니다. 우리는 이렇게 고통을 극복하고 피안으로 건너갑니다.

이 기슭에 머물면서 계속 화의 희생자가 되지 마십시오. 무진(無瞋; 분노 없음)의 선근이* 당신 안에 있으니, 화내지 않을 수 있습니다. 강 건너 피안, 무진의 피안으로 가십시오. 그곳은 시원하고 쾌적하며 상쾌합니다. 화에 지배당하지 마십시오. 자신을 해방하고 자유롭게 하십시오. 스승의 도움과 수행하는 동료들의 도움으로써 그리고 당신 자신의 수행으로써, 피안으로 건너가세요. 이 배들을 신뢰하고 강을 건너 피안으로 건너가십시오.

지금 당신은 혼란, 화 또는 의심의 기슭에 서 있을지 모릅니다. 거기에 머물러 있지 마시고, 피안으로 건너가십시오. 승가, 부처님 법의 형제자매와 함께, 당신의 걷기와 호흡 수행, 깊이 보는 수행, 당신 자신의 반야심경을 외는 수행과 함께, 당신은 재빨리 건너게 될 것입니다. 아마 몇 분 걸리지 않을지도 모릅니다. 당신은 행복할 권리가 있습니다. 자비로울 권리, 사랑할 권리가 있습니다. 깨어남의 씨앗은 당신 안에 있습니다. 실천하면 이 씨앗을 바로 꽃으로 피울 수 있습니다. 다르마는 즉시 그 효과를 발휘하므로, 당신은 괴로움을 끝낼 수 있습니다. 그건 아스피린보다 효과가 빠릅니다.

---

* 『화에 휩쓸리지 않는 연습』, 김순미 역(위즈덤하우스, 2016), p.168 참조. 설일체유부의 5위 75법에서 심소법(心所法: 46가지) 중 대선지법(大善地法: 10가지) 가운데 하나. (역주)

화가 났을 때 선물을 주세요

누군가에게 화가 났을 때, 화를 바꾸기 위해 무슨 짓을 해도 아무 소용이 없을 때가 있습니다. 이 경우 부처님은 상대에게 선물을 주라고 권유하십니다. 유치하게 들리지만 매우 효과적입니다. 우리는 누구에게 화가 나면 그에게 상처를 주고 싶어집니다. 그러나 그들에게 선물을 주는 행위는, 상처 주고 싶은 마음을 행복을 비는 마음으로 바꿉니다. 그러니 누군가에게 화가 났을 때 선물을 보내십시오. 선물을 보낸 다음에 당신은 화를 멈추게 됩니다. 이는 아주 간단한 일이지만 반드시 효과가 있습니다.

선물을 사기 위해 화가 날 때까지 기다릴 필요는 없습니다. 그 사람에 대해 감사의 마음과 사랑을 크게 느낄 때 당장 가서 선물을 사두십시오. 그러나 보내지는 마십시오. 아직 그 사람에게 보내지 마시고 보관하십시오. 두세 개의 선물을 서랍 안에 몰래 보관하는 호사를 누리십시오. 나중에 화나면 하나 꺼내서 전하세요. 정말로 효과적입니다. 부처님은 대단히 현명하셨습니다.

이해를 통한 안도감

화가 나면 당신은 자신의 고통을 줄이고 싶어집니다. 자연스러운 성향입니다. 고통을 제거하는 방법은 여러 가지가 있지만 가장 탁월한 것은 이해에서 옵니다. 이해가 생기면 화가 저절로 사라집니다. 당신이 상대의 사정과 고통의 본성을 알면 화는 사라지는데, 이는 화가 자비심으로 변하기 때문입니다.

화에 대해 가장 효과적인 약은 깊이 들여다보는 것입니다. 들여다보면 상대의 어려움과 그동안 그가 결코 이루지 못했던 간절한 염원을 알게 될 것입니다. 그러면 자비심이 당신 안에 생겨나고, 이 자비심은 화의 해독제가 됩니다. 당신이 마음에서 자비심을 느끼게 되면, 화의 불은 즉시 사그라들 것입니다.

우리가 겪는 고통의 대부분은 '고립된 자아가 없다'는 이해나 통찰력이 없어서 생겨납니다. 상대가 당신이고, 당신이 그 상대입니다. 당신이 그 진리에 접하면 화는 사라집니다.

자비는 이해를 통해 개화하는 예쁜 꽃입니다. 그러므로 누군가에게 화가 날 때 마음챙김을 하면서 숨을 들이쉬고 내쉬는 실천을 하십시오. 그래서 상황을 깊이 들여다보고, 자신과 상대가 가진 고통의 진정한 본성을 본다면 당신은 해방됩니다.

화를 발산해서 생기는 위험

기분이 나아지기 위해 화를 발산하라고 권고하는 심리치료사도 있습니다. 그들은 화를 발산할 수 있는 언동을 하라고 제안합니다. 즉 막대기로 타이어를 치거나 힘껏 문을 닫아버리는 것과 같은 행동을 해보라는 것입니다. 그들은 베개를 두들기는 것도 권합니다. 이 치료사들은 이것이 우리 안에 있는 화의 에너지를 제거하는 방법이라고 믿습니다. 그들은 그것을 "발산(venting)"이라고 부릅니다.

방 안에 연기가 있으면 연기가 빠져나가도록 방을 환기합니다. 화는 일종의 연기이며 당신을 괴롭히는 에너지입니다. 화의 연기가 올라올 때 문을 열고 선풍기를 켜면 화는 외부로 빠져나갈 것입니다. 따라서 당신은 막대기로 돌이나 나무를 치거나 베개를 두드려 화를 환기하려고 합니다. 나는 이런 방법을 취하는 사람들을 많이 보았습니다. 사실, 그들은 일시적으로는 기분이 좋아질 수 있습니다. 그러나 발산의 여러 부작용은 매우 유해합니다. 그것은 당신을 훨씬 더 괴롭힐 것입니다.

화를 표출하는 데는 에너지가 필요합니다. 화를 발산하기 위해 온 힘을 다해 무언가를 치거나 베개를 두들긴다면 30분이면 지칠 것입니다. 당신이 지쳤기 때문에 화의 연료가 되는 에너지가 남아 있지 않습니다. 화가 더 이상 존재하지 않는다고 생각할 수도 있지만, 그건 사실이 아니고, 너무 지쳐서 화를 내지 못할 뿐입니다.

화를 만드는 것은 당신 안의 화의 뿌리입니다. 화의 뿌리는 무지, 잘못된 인식, 이해와 자비심의 결여 안에 있습니다. 화를 발산할 때 당신은 화를 먹여 살리는 에너지를 공급하는 것입니다. 화의 뿌리는 항상 거기에 있고, 그렇게 화를 발산함으로써 당신은 자신 속에 있는 화의 뿌리를 강화하고 있는 것입니다. 그것이 발산의 위험입니다.

1999년 3월 9일 뉴욕타임스지에 분노 관련 기사가 실렸는데, 그 제목은 "공격성을 표출하라는 것은 나쁜 충고다"였습니다. 이 기사에 따르면, 사회심리학자들이 많은 연구를 수행했는데, 그들은 베개 등을 치면서 화와 공격성을 표출하려는 시도는 전혀 도움이 되지 않고 상황을 더 악화시킬 뿐이라는 결론을 내렸습니다.

베개를 치는 것은 화를 진정시키거나 줄이는 것이 아니라, 화의 예행연습을 하는 것입니다. 매일 베개 치는 연습을 하면, 당신 속의 화의 씨앗이 나날이 자라날 것입니다. 그리고 언젠가 당신을 화나게 한 사람을 만났을 때 배운 것을 실행할 수도 있습니다. 당신은 상대를 치고 결국 감옥에 갈 것입니다. 그래서 베개를 치면서 공격성을 다루는 것, 즉 발산하는 것은 전혀 도움이 되지 않습니다. 위험합니다. 화가 당신이라는 시스템에서 빠져나가지 않기 때문에, 그것은 화의 에너지를 진정으로 내보내는 것이 아닙니다.

화를 발산하는 것은 무지에 근거한 실천입니다. 베개를 미움의 대상으로 상상하고 그것을 치는 것은 무지와 화의 예행연습입니다. 당신의 폭력과 화를 줄이기는커녕 당신은 더 폭력적이고 화를 더 잘 내게 될 것입니다.

많은 심리치료사가 화를 발산하는 습관이 위험하다는 것을 확인했습니다. 그들은 내담자에게 그렇게 하라고 조언하는 것을 중단했다고 나에게 말했습니다. 내담자가 베개를 치고 발산한 후에는 피곤해지니까 기분이 좋아졌다고 생각합니다. 그러나 그들이 좀 쉬고 음식을 먹은 후에 누가 와서 그들 속에 있는 화의 씨앗에 물을 주면 그들은 전보다 더 크게 화를 냅니다. 예행연습을 통해 화의 뿌리에 에너지를 공급한 탓입니다.

당신을 지키는 마음챙김

우리는 화를 위해 그 자리에 있어야 하고, 화의 존재를 인지하고 잘 돌봐야 합니다. 심리치료에서는 이것을 "화를 접하기"라고 합니다. 그것은 훌륭하고 매우 중요합니다. 화가 생기면 그것을 억누르는 대신 인지하고 안아줘야 합니다.

하지만 여기서 중요한 질문은 "화를 접하고, 돌보고, 그 존재를 인지하는 사람이 누구인가?" 하는 것입니다. 화는 에너지이고, 그 에너지가 과잉이라면 당신도 그 희생자가 될 수 있습니다. 당신은 화를 인지하고 대처할 수 있는 다른 에너지를 생성할 수 있어야 합니다. 화는 접해야 하고 인지해야 하는 에너지 지대입니다. 문제는 무엇이 무엇을 접하는가 입니다. 무슨 에너지가 화를 접하고 인지합니까? 그것은 마음챙김의 에너지입니다. 그래서 우리는 화가 날 때마다 마음챙김 호흡과 걷기를 수행해서 마음챙김의 씨앗을 접하고 우리 속에 마음챙김의 에너지를 생성합니다.

마음챙김은 무엇을 억누르기 위해 있는 것이 아니라, "안녕! 나의 귀여운 화, 나의 옛 친구, 나는 네가 거기 있는 걸 알아" 하고 화를 환영하고, 그 존재를 알아차리기 위한 것입니다. 마음챙김은 우리가 거기에 무엇이 있는지를 알아차리도록 도와주는 에너지입니다. 마음챙김은 항상 무언가에 대해 마음챙김을 하는 것입니다. 마음챙김을 하면서 들숨이나 날숨을 한다면, 이는 마음챙김 호흡이 됩니다. 마음챙김을 하면서 차를 마신다면, 이는 마음챙김 차 마시기입니다. 마음챙김을 하면서 식사를 한다면, 이는 마음챙김 식사입니다. 마음챙김을 하면서 걷는다면, 이는 마음챙김 걷기입니다.

이 경우에 우리는 화에 대해 마음챙김을 수행합니다. "나는 내가 화난 것을, 화가 내 안에 있다는 것을 생생히 의식합니다." 그러므로 마음챙김은 접하고, 인지하고, 인사하고, 안아주는 것입니다. 다투거나 억압하지 않습니다. 마음챙김의 역할은 아픈 아이를 안아주고 달래는 어머니의 역할과 같습니다. 당신 안에 있는 화는 당신의 아기, 당신의 아이입니다. 아주 잘 돌봐주어야 합니다. 마음챙김이 화를 인지하면서 다음과 같이 말합니다. "안녕, 나의 화여, 난 네가 거기 있다는 것 알아. 내가 잘 돌봐줄 테니 걱정하지 마." 마음챙김이 생기는 순간 당신은 안심하며 미소 지을 수 있습니다. 부처님의 에너지가 당신 안에 생겨났기 때문입니다.

화를 다루는 방법을 모른다면, 화가 당신을 죽일 수도 있습니다. 마음챙김이 없다면 화의 희생자가 될 수 있습니다. 화는 피를 토하게 하고 심지어 죽게 할 수도 있습니다. 많은 사람이 화 때문에 죽습니다. 화는 당신의 전체 시스템에 충격이고, 당신 안에 엄청난 압력과 통증을 줍니다. 부처님이 현존하고, 마음챙김의 에너지가 있다면 당신은 보호받습니다. 마음챙김은 상황을 관리하는 데 도움이 됩니다. 큰형이 있으면 동생이 안전하고, 어머니가 있으면 아이가 안전합니다. 수행을 통해 당신 안에 있는 어머니나 형이 화를 더 잘 돌보게 됩니다.

우리는 자신의 화를 인지하고 안아주면서 지속적으로 마음챙김을 해야 합니다. 그러기 위해서는 마음챙김 걷기와 호흡을 지속해야 합니다. 마음챙김이 없다면 무슨 일을 해도 당신에게 평안을 주지 않습니다. 온 힘을 다해 베개를 쳐도 소용이 없습니다. 베개를 친다고 해도 화를 접하거나 화의 본성을 찾는 데 도움이 되지는 않습니다. 당신은 베개에도 전혀 접하지 않은 셈입니다. 베개를 만져보면 그것이 베개일 뿐 적이 아니라는 것을 알게 될 텐데, 베개를 왜 그리 칠까요? 당신은 그것이 베개일 뿐이라는 것을 모르기 때문입니다.

실제로 어떤 것과 접하면 그 본성을 알게 됩니다. 한 사람과 깊이 접하면 그 사람의 진정한 모습을 알 수 있습니다. 마음챙김이 거기에 없다면, 무엇에 또는 누구와 접하는 것은 불가능합니다. 마음챙김이 없으면, 화가 당신이 해로운 일을 하도록 밀어붙이기 때문에 희생자가 됩니다.

화의 상대는 당신 자신

당신은 자신을 누구라고 생각하고 있습니까? 당신은 그 상대입니다. 아들에게 화를 내면 당신 자신에게도 화를 내는 것입니다. 만일 당신이 아들은 당신이 아니라고 생각한다면 그것은 잘못입니다. 아들은 당신입니다. 유전적으로도, 생리적으로도, 과학적으로도, 당신의 자식은 당신의 연속입니다. 이것이 참 진리입니다. 당신의 어머니는 누구입니까? 당신의 어머니는 당신입니다. 당신은 후손으로서 어머니의 연속이고, 어머니는 조상으로서 당신의 연속입니다. 어머니는 당신을 이전의 모든 세대와 연결하고, 당신은 어머니를 모든 미래 세대와 연결하고 있습니다. 당신은 같은 생명 흐름에 속해 있습니다. 그녀가 다른 존재라고 생각하고 당신이 어머니와 아무 관련이 없다고 생각하는 것은 순전히 무지입니다. 한 젊은 청년이 "나는 더 이상 아버지와 아무 관계도 맺고 싶지 않아요"라고 말하는 것은 순전히 무지입니다. 왜냐하면 그 청년이 바로 그의 아버지이기 때문입니다.

당신은 아기를 임신한 어머니로서 아기가 당신이라는 통찰을 가지고 있었습니다. 당신은 아기를 위해 먹고, 마시고, 아기를 돌보았습니다. 당신이 자신을 돌보면서 아기를 돌본 것입니다. 당신은 아기가 당신임을 알고 있었기 때문에 매우 조심했습니다. 그러나 자식이 13세 또는 14세가 되면 당신은 이러한 통찰을 잃기 시작합니다. 당신과 자식은 분리되어 있고, 연결되어 있지 않다고 느낍니다. 당신은 싸운 다음에 관계를 개선하고 평화를 만드는 방법을 모릅니다. 머지않아 두 사람 사이의 간격은 점점 더 커지고 고착됩니다. 당신의 관계는 매우 어렵고 갈등으로 가득 차게 됩니다.

화를 멈추는 통찰

당신들은 마치 별개의 존재처럼 보일 수 있지만, 깊이 들여다 보면 두 사람은 아직 하나임을 알 수 있습니다. 그러므로 갈등을 해결하는 것, 두 사람 사이에 평화를 회복하는 것은, 자기 자신 안에, 자신의 몸 안에 평화를 회복하는 것과 같습니다. 당신과 당신의 아이는 같은 본성을 가지고 있고, 같은 현실 속에 있습니다.

몇 년 전 런던의 서점에서 『나의 어머니, 나 자신(*My Mother, Myself*)』이라는 책을 보았습니다. 지적인 제목입니다. 당신의 어머니와 당신 자신. 당신은 『나의 딸, 나 자신』 또는 『나의 아들, 나 자신』, 『나의 아버지, 나 자신』과 같은 책도 쓸 수 있습니다. 이것이 진정한 현실입니다. 아들에게 화를 내면, 그건 자신에게 화를 낸 것입니다. 아들을 벌하면 자신을 벌한 것입니다. 당신이 아버지를 괴롭히는 것은 자신을 괴롭히는 것과 같습니다. 무아無我를 깨닫게 되면 이를 이해할 수 있는데, 바로 자아自我가 아버지, 어머니, 모든 조상, 그리고 해와 공기와 땅과 같은 비非자아적 요소로 이루어져 있다는 사실을 깨닫는 것입니다.

당신이 이런 통찰, 즉 무아라는 진리를 접하면 행복과 괴로움은 개인의 문제가 아님을 알게 됩니다. 당신의 고통은 당신이 사랑하는 사람들의 고통입니다. 그들의 행복이 당신의 행복입니다. 이것을 알면 벌하거나 비난하려는 생각에 유혹당하지 않을 것입니다. 당신은 훨씬 더 지혜롭게 행동할 것입니다. 이 지성, 이 지혜는 당신의 성찰의 열매, 깊이 들여다봐서 얻은 열매입니다. 그래서 당신 자신의 반야심경을 읽을 때, 그 경전은 당신의 아이, 당신의 파트너가 당신이라는 통찰을 상기하는 데 도움이 됩니다.

우리는 경전의 독송을 통해서 우리 자신을 진리, 곧 무아의 통찰에 몰입시킵니다. 당신이 쓰라고 권유받는 반야심경은 당신과 상대가 하나라는 당신 자신의 통찰에서 나오는 경전입니다. 반야심경은 지혜에 대한 것이지만, 당신의 반야심경도 그렇습니다. 그것은 당신이 고립되고 분리된 자아가 아니라는 지혜를 상기시킵니다. 그것은 당신에게 사랑의 지혜를 생각나게 합니다. 화가 났을 때, 자신이 고립된 존재라는 생각에 사로잡혀 있을 때, 반야심경을 읽으면 다시 자신에게로 돌아갈 수 있습니다. 통찰이 있으면 부처님이 거기 계시고, 그러면 당신은 안전합니다. 더 이상 고통받을 필요가 없습니다.

화에서 해방되는 방법은 여럿이 있지만 최선의 해방, 가장 깊은 해방은 이해, 즉 무아에 대한 통찰에서 온다는 것을 우리는 끊임없이 상기해야 합니다. 무아는 추상적 철학이 아닙니다. 무아는 마음챙김을 하며 살아감으로써 접할 수 있는 진리입니다. 무아에 대한 통찰은 당신과 상대 사이의 평화와 조화를 회복시켜 줄 것입니다. 당신은 평화와 행복을 누릴 자격이 있습니다. 그러기에 당신은 상대와 나란히 앉아서 함께 살기 위한 전략을 설계해야 합니다.

또한, 당신 스스로도 당신에게 조화와 평화를 가져다줄 생활 방식을 찾아야 합니다. 내면의 전쟁과 갈등으로 당신이 분열되는 경우가 많으므로 자신과의 평화협정에 서명해야 합니다. 당신이 전쟁 중인 것은 지혜와 통찰이 부족해서입니다. 이해가 있다면, 자신 속에서 그리고 사람과의 관계에서 평화와 조화를 회복할 수 있습니다. 당신은 지성으로써 행동하고 대응하는 방법을 알게 되어 더 이상 전쟁 지대나 분쟁 지대에 있지 않게 됩니다. 당신 안에 평화와 조화가 있으면 상대도 그것을 인정하고 두 사람 사이의 평화와 조화가 빨리 회복될 것입니다. 당신은 함께 있어서 즐겁고, 함께 지내기가 훨씬 더 쉬운 사람이 될 것이며, 그것은 상대에게 엄청난 도움이 될 것입니다.

그러므로 아들을 도우려면 자신과 화해하세요. 자신을 깊이 들여다보세요. 어머니를 돕고 싶다면 자신 속에서 평화를 회복하십시오. 어머니를 도울 수 있는 통찰을 찾으십시오. 자신을 돕는 것이 타자를 돕는 제1 조건입니다. 소위 자아로 불리는 망상을 버리십시오. 이것이 당신과 상대를 화와 고통에서 자유롭게 하는 수행의 핵심입니다.

7장 적은 없다

자신에서 시작한다

소통 없이는 진정한 이해가 불가능합니다. 그러나 먼저 반드시 자신과 소통할 수 있도록 하십시오. 자신과 소통할 수 없는데 어떻게 다른 사람과 소통할 수 있겠습니까? 사랑도 똑같습니다. 자신을 사랑하지 않으면 타인을 사랑할 수 없습니다. 자신을 받아들일 수 없거나 자신에게 친절하게 대할 수 없다면, 다른 사람에게도 그렇게 할 수 없습니다.

당신은 정말로 자주 당신 아버지와 똑같이 행동하지만 깨닫지 못합니다. 그리고 당신은 아버지처럼 행동하면서도 당신은 정반대라고 느낍니다. 당신은 그를 받아들이지 않고 그를 미워합니다. 아버지를 받아들이지 않으면 자기 자신도 받아들이지 않는 것입니다. 당신의 아버지는 당신 안에 있습니다. 당신은 아버지의 연속입니다. 그래서 자신과 소통할 수 있어야 아버지와도 소통할 수 있습니다.

자아는 비非 자아의 요소로 구성됩니다. 그러므로 우리 자신을 이해하는 것이 우리의 수행입니다. 아버지는 비 자아의 요소입니다. 아버지는 내가 아니라고 우리는 말하지만, 우리는 아버지 없이 존재할 수 없습니다. 그래서 그분은 우리의 몸과 마음에 온전히 현존합니다. 그는 우리입니다. 따라서 당신이 당신 자신, 즉 당신의 전체 자아를 이해한다면, 당신은 자신이 당신의 아버지임을 이해하게 됩니다. 그는 당신의 외부에 있지 않습니다.

조상, 지구, 태양, 물, 공기, 당신이 먹는 모든 음식 등 당신이 당신 안에서 접하고 인식할 수 있는 비 자아의 요소는 아주 많습니다. 이것들이 당신과 분리된 것으로 보일지 몰라도 그것들이 없으면 당신은 살아갈 수 없습니다.

전쟁 중의 두 그룹이 협상을 원하고, 양측이 자신들에 대해 충분히 알지 못한다고 가정해 봅시다. 상대 정당, 상대 나라, 상대 국민을 이해하기 위해서는 자신, 자신의 나라, 자신의 정당, 자신의 상황을 제대로 알아야 합니다. 자아와 다른 사람은 별개의 존재가 아닙니다. 왜냐하면 고통, 희망, 화는 쌍방에 있어서 거의 같기 때문입니다.

화를 내면 우리는 괴롭습니다. 당신이 이 사실을 정말로 이해한다면, 당신은 상대가 화를 내는 것은 상대도 괴로워하고 있음을 의미한다는 것도 이해할 수 있습니다. 누군가가 당신에게 모욕이나 폭력을 가할 때, 그 사람이 자신의 폭력과 분노로 고통받는 것을 볼 수 있을 만큼 당신은 지성적이어야 합니다. 그러나 우리는 잘 잊어버립니다. 우리가 고통받는 유일한 사람이고 상대가 우리의 압제자라고 우리는 생각합니다. 이러면 화를 느끼고 상대를 벌하고 싶은 생각에 내몰립니다. 우리는 고통을 받기 때문에 상대를 벌하고 싶어 합니다. 그러면 우리 안에 화가 있고, 폭력이 있습니다. 그들과 마찬가지입니다. 우리의 고통과 분노가 그들의 고통과 분노와 다르지 않음을 볼 때 우리는 더 자비롭게 행동하게 될 것입니다. 그러므로 상대를 이해하는 것은 자신을 이해하는 것이고, 자신을 이해하는 것은 상대를 이해하는 것입니다. 모든 것은 당신에게서 시작되어야 합니다.

우리 자신을 이해하기 위해서는 '불이不二'의 도를 배우고 실천해야 합니다. 우리는 우리의 화와 싸우면 안 됩니다. 화는 우리 자신, 우리 자신의 일부이기 때문입니다. 화는 사랑처럼 유기적인 것입니다. 우리는 화를 잘 돌봐야 합니다. 그리고 그것은 유기적인 실체, 유기적인 현상이기 때문에 다른 유기적인 실체로 바꿀 수 있습니다. 쓰레기를 퇴비, 상추, 오이로 바꿀 수 있습니다. 그러므로 화를 멸시하지 마십시오. 화와 싸우지도 말고 화를 억누르지도 마십시오. 화를 잘 돌보는 부드러운 방법을 배우고 그것을 이해와 자비의 에너지로 바꾸십시오.

자비는 영리하다

이해와 자비는 매우 강력한 에너지원입니다. 그것들은 어리석음과 소극성의 반대입니다. 당신이 자비가 소극적이거나 약하고 비겁하다고 생각한다면, 진정한 이해나 자비가 무엇인지 모르는 것입니다. 자비로운 사람들이 불의에 저항하지 않고 도전하지도 않는다고 생각한다면 그것은 오산입니다. 그들은 많은 승리를 거둔 전사, 영웅, 히로인입니다. 당신이 자비와 비폭력으로써 행동할 때, '불이성(non-duality)'에 근거하여 행동할 때 아주 강해질 수밖에 없습니다. 이제 당신은 더 이상 홧김에 행동하는 것도 아니고 상대를 처벌하거나 비난하지도 않습니다. 당신 안에서 자비심이 끊임없이 자라나니 불의와의 싸움에서 이길 수 있습니다. 마하트마 간디는 혼자였습니다. 그에게는 폭탄도, 총도, 정당도 없었습니다. 그는 화에 의해서가 아니라, 그저 '불이성'이라는 통찰, 자비의 힘에 따라 행동했습니다.

사람은 우리의 적이 아닙니다. 적은 다른 사람이 아니라, 우리와 상대 속에 있는 폭력, 무지, 불의입니다. 우리가 자비와 이해로 무장하게 되면, 우리는 다른 사람과 싸우는 것이 아니라 침략하고 지배하고 착취하려는 인간의 성향에 맞서 싸우게 됩니다. 우리는 다른 사람을 죽이고 싶지 않지만, 그들이 우리나 또 다른 사람을 지배하고 착취하도록 내버려 두지는 않을 것입니다. 당신은 자신을 보호해야 합니다. 당신은 바보가 아닙니다. 당신은 매우 영리하고 지혜롭습니다. 자비롭다는 것은 다른 사람들이 자신들에게나 당신에게 폭력을 행사하도록 허용하는 것을 의미하지 않습니다. 자비롭다는 것은 영리하다는 것을 의미합니다. 사랑에서 우러나는 비폭력적 행위는 영리한 행동일 따름입니다.

자비롭다는 것은 불필요하게 고통을 당하거나 상식을 잃어버리는 것을 의미하지 않습니다. 당신이 한 무리의 사람들을 이끌고 천천히 그리고 아름답게 걷기 명상을 하고 있다고 가정해 봅시다. 걷기 명상은 많은 에너지를 생성하고, 그 에너지는 고요, 단단함, 평화로움으로써 모든 사람을 안아줍니다. 그런데 갑자기 비가 내리기 시작한다고 합시다. 자신과 다른 사람들이 흠뻑 젖도록 천천히 계속 걸어야 하나요? 그건 영리하지 않습니다. 걷기 명상의 좋은 리더라면 급히 달리기 명상으로 바꿀 것입니다. 당신은 여전히 걷기 명상의 즐거움을 유지합니다. 당신은 웃고 미소 지을 수 있으며, 당신은 그런 수행이 어리석지 않다는 것을 증명할 수 있습니다. 뛰면서 비에 젖지 않게 하면서도, 여전히 마음챙김을 할 수 있습니다. 우리는 영리하게 수행해야 합니다. 명상은 어리석은 행위가 아닙니다. 명상은 옆에 있는 사람이 무엇을 하든 그걸 맹목적으로 따르는 것이 아닙니다. 명상하려면 능숙해야 하고 지성을 잘 활용해야 합니다.

자비심 있는 경찰부대를 조직한다

친절하다는 것은 소극적이라는 의미는 아닙니다. 자비롭다는 것은 다른 사람들이 당신을 마음대로 이용하거나 파괴하도록 허용하는 것을 의미하지 않습니다. 자신을 보호하고 다른 사람도 보호해야 합니다. 누군가가 위험해서 구류해야 할 필요가 있다면 그렇게 해야 합니다. 그러나 자비심을 가지고 해야 합니다. 당신의 동기는 그 사람이 계속해서 파괴의 길을 가지 않도록, 화에 계속 에너지를 공급하지 않도록 막는 것입니다.

자비롭기 위해 승려가 될 필요는 없습니다. 경찰관도 좋습니다. 재판관이나 교도관도 좋습니다. 그러나 당신은 경찰, 재판관 또는 교도관으로서 보살이 되어야 합니다. 우리는 당신이 위대한 자비심의 존재가 될 필요가 있다고 봅니다. 당신은 엄격해야 하지만, 항상 자비심을 생생하게 유지해야 합니다.

당신이 만일 마음챙김의 생활을 실천한다면, 당신은 경찰관이 두려움 없이 자비심에서 행동하도록 도와야 합니다. 우리 시대의 경찰은 여러 차례 공격당했으므로 두려움과 분노, 스트레스로 가득 차 있습니다. 경찰을 미워하고 모욕하는 사람들은 아직 경찰을 이해하지 못하고 있습니다. 경찰관이 아침에 제복을 입고 총을 착용해서 나가면, 저녁 때 살아서 귀가할지 확신이 없습니다. 경찰관은 아주 괴롭습니다. 그들의 가족도 아주 괴롭습니다. 그들은 사람을 구타하는 것도, 사람에게 총 쏘는 것도 좋아하지 않습니다. 그러나 그들은 자신들 안에 있는 두려움, 고통, 폭력의 응어리에 어떻게 대처해야 할지 모르기 때문에 다른 사람처럼 사회의 희생양이 될 수도 있습니다. 따라서 당신이 경찰서장으로서 경찰관들의 마음과 심정을 진정으로 이해한다면, 먼저 당신 자신을 수련해서 마음에 자비심과 이해가 생겨나도록 해야 합니다. 그런 다음 당신은 매일 아침이나 밤에 거리로 출동해서 도시의 평화를 유지하는 힘든 과업을 감당해야 할 남녀 경찰관을 교육하고 도울 수 있을 것입니다.

프랑스에서는 경찰을 "평화 유지 부대"라고 부릅니다. 그러나 당신의 마음에 평화가 없으면 어떻게 그 도시에 평화를 유지할 수 있겠습니까? 먼저 자신 안에 평화를 유지해야 합니다. 그리고 여기에서 평화는 무외(無畏, 두려움 없음)와 지성과 통찰을 의미합니다. 경찰은 자신을 보호하기 위해 여러 기술을 배우지만, 호신술만으로는 충분하지 않습니다. 영리해야 합니다.

무외에서 행동해야 합니다. 겁이 너무 많으면 실수를 많이 할 것입니다. 당신은 총을 사용하고 싶은 유혹에 빠지고, 무고한 많은 사람을 죽일 수 있습니다.

쌍방의 입장을 본다

로스앤젤레스에서 네 명의 경찰이 흑인 운전자를 거의 죽일 만큼 폭행을 가했습니다. 언론은 전 세계적으로 이 사건을 보도했고 모두가 편들고 싶어 했습니다. 구타의 피해자 또는 경찰관의 입장 중 한 편을 들었을 수도 있습니다. 당신이 판단해서 편들 때, 당신은 마치 갈등의 외부에 있는 것처럼 행동합니다. 당신은 구타당한 흑인 운전자도 아니고 네 명의 경찰도 아닌 것처럼 행동합니다. 그러나 깊이 들여다보면 당신이 구타의 피해자이면서 동시에 구타한 네 명의 경찰관이기도 함을 당신은 알 수 있습니다. 화, 두려움, 좌절, 폭력은 구타당한 사람과 구타한 사람에게 다 들어 있습니다. 그것들은 우리 안에도 있습니다.

경찰관을 이해하고 그들이 덜 고통받을 수 있도록 돕기 위해, 우리가 경찰관의 남편이나 아내라고 상상해 봅시다. 함께 살아가면서 당신은 배우자의 삶이 얼마나 힘든지 접하게 됩니다. 따라서 매일 아침과 매일 저녁, 당신은 배우자가 화, 두려움, 좌절을 바꾸는 데 도와주고 싶어 합니다. 당신이 당신의 남편이나 아내가 고통을 덜 받도록 도울 수 있다면, 도시 전체가 이익을 얻을 것입니다. 비행 청소년에게도 이익이 됩니다. 이것이 공동체를 돕는 최선의 방법입니다. 지성, 통찰 및 자비로써 당신은 많은 사고를 미연에 방지할 수 있습니다.

분노와 폭력을 그치게 하는 대화

폭력과 편견, 두려움이 가득한 경찰관의 이미지는 그리 좋은 것은 아닙니다. 많은 청년이 경찰을 그들의 적으로 간주합니다. 경찰차를 불태우고 경찰관을 구타하고 싶어 합니다. 경찰은 그들의 화와 좌절의 표적이기 때문입니다. 우리는 폭력 행위를 하고 감옥에 수감된 젊은이들과 경찰관 사이에 대화 모임을 조직하면 어떨까요? 이 대화 모임에서 경찰에게는 자신들의 좌절, 분노, 두려움에 대해 말할 기회를, 그리고 경찰과 싸우는 이 청년들에게는 자신들의 좌절, 분노, 두려움을 말할 기회를 주는 것이 어떨까요? 이 대화를 텔레비전으로 방영해서 전 국민이 그 대화에서 배울 수 있도록 하면 어떻습니까?

이것은 진정한 명상이 될 것입니다. 개인으로서가 아니라, 도시와 국가로서 깊이 들여다보는 명상입니다. 우리는 진실을 보지 못했습니다. 우리는 많은 영화, 탐정 소설, 서부극을 보았지만, 실제 사람들의 마음과 심정에 있는 진실은 보지 못했습니다. 우리는 모든 사람이 진실을 알 수 있도록 이러한 대화의 장을 열어야 합니다.

자신에게 폭탄을 던지다

그리스도는 "하나님, 부디 저들을 용서해 주십시오. 저들은 저들이 하는 일을 알지 못합니다"라고 말씀하셨습니다. 누군가가 범죄를 저질러 남을 괴롭히는 것은 자신이 하는 일을 모르기 때문입니다. 많은 젊은이가 범죄를 저지르지만, 자신의 폭력이 얼마나 고통을 주는지 알지도 이해하지도 못합니다. 그들이 폭력 행위를 할 때마다 그들은 타인에게만 아니라 자신들에게도 폭력을 행사하는 것입니다. 그들은 이러한 폭력 행위를 저지르고 화를 표출하면 화를 줄인다고 느낄 수는 있습니다. 그러나 그들의 화는 계속 커질 뿐입니다.

적에게 폭탄을 투하하는 것은 같은 폭탄을 자신과 모국에 투하하는 것입니다. 베트남 전쟁 중 미국인들은 베트남 사람들만큼 고통을 겪었습니다. 전쟁의 상처는 베트남만큼이나 미국에도 깊었습니다. 우리가 해야 할 일은 폭력을 멈추는 것입니다. 그리고 우리가 상대에게 하는 일이 우리 자신에게 하는 것이라는 통찰이 없으면 폭력을 멈출 수 없습니다. 교사는 학생

들이 폭력을 가할 때 학생들 스스로 고통을 겪을 것임을 그들에게 보여주어야 합니다. 그러나 교사는 이것만 말해서는 안되며, 그보다 더 창의적이어야 합니다. 우리는 통찰을 다른 사람과 공유하는 방식에 있어서 독단적이면 안 됩니다. 우리는 유연하고 영리하면서 "좋은 방편"을 사용해야 합니다. 좋은 방편은 아주 중요합니다. 위대한 존재는 수행, 그리고 다른 사람을 돕는 일에 능숙해야 합니다.

전쟁이 일어나기 전에 전쟁 멈추기

우리 대부분은 전쟁이 발발하기 전까지 전쟁을 멈추기 위한 행동을 하지 않습니다. 우리 대다수는 전쟁의 뿌리가 우리 자신의 생각과 삶의 방식을 포함하여 모든 곳에 있다는 것을 모릅니다. 그러나 우리는 전쟁이 숨겨져 있는 동안 전쟁을 볼 수 없습니다. 우리는 전쟁이 발발하고 사람들이 그것에 대해 이야기하기 시작할 때 비로소 전쟁에 주목하기 시작합니다. 그런 다음 우리는 전쟁의 격렬함에 압도되고 무력감을 느낍니다. 우리는 편을 들면서 한 편은 옳고 다른 편은 틀렸다고 느낍니다. 우리는 한 편을 규탄하지만, 전쟁으로 인한 파괴를 종식시키는 데 할 수 있는 일이 없습니다.

참된 수행자로서 당신은 전쟁이 시작되기 전에 상황을 깊이 관찰하는 연습을 해야 합니다. 전쟁이 발발하기 전에 전쟁을 멈추기 위해 행동을 개시해야 합니다. 당신의 통찰과 자각을 갖고서, 당신은 다른 사람들이 깨어나 동일한 자각을 얻도록 도울 수 있습니다. 그런 다음, 그들과 함께 전쟁이 발발하는 것을 방지하기 위해 효과적으로 행동할 수 있습니다.

NATO국가들은 베오그라드를 폭격하는 무력이 구 유고슬라비아에서 일어나는 인종차별을 종식시킬 수 있는 유일한 해결책이라고 생각했습니다. 그들은 다른 길이 없다고 믿었습니다. 그들은 전쟁이 시작되기 전에 이미 분명했던 전쟁의 뿌리를 보지도 이에 대처하지도 못했습니다. 깊이 관찰하는 능력, 명상의 능력이 제한되어 있었기 때문입니다. 폭력은 결코 평화와 이해를 주지 못합니다. 깊이 들여다보아서 폭력의 진정한 뿌리를 이해해야만 우리는 평화를 성취할 수 있습니다.

당신이 훌륭한 명상가라면, 당신은 다른 사람들보다 더 깊은 통찰력을 가질 수 있고, 폭탄이나 다른 폭력적인 수단에 의지하지 않고 인종차별을 멈추기 위한 더 나은 방법을 알 수도 있습니다. 지구상에는 발발하려고 하는 전쟁이 곳곳에 많이 있습니다. 당신이 진정한 평화주의자라면 이런 상황을 자각하고 전쟁이 발발해서 극단적인 폭력을 일으키기 전에, 그 전쟁을 멈추도록 지역사회와 함께 최선을 다해야 합니다. 코소보에서 일어난 것과 같은 폭력적인 개입을 중단하려면 대안을 제시해야 합니다. 좋은 아이디어가 있으면 그 아이디어를 하원의원이나 상원의원에게 전달하고 개입하도록 촉구해서, 더 건설적인 조치를 취할 수 있도록 해야 합니다. 우리는 전쟁과 폭력을 멈출 수 있는 통찰을 얻기 위해 개인으로서뿐만 아니라 국가로서 명상하는 법을 배워야 합니다.

집단적 통찰

채식주의자 청년이 있습니다. 그가 광신적이거나 독단적이어서가 아니라 마음챙김을 하다가 그렇게 되었습니다. 그는 동물의 고기를 먹고 싶은 마음이 없어서 먹지 않습니다. 그의 아버지는 이에 대해 매우 불편해했고 가정에는 화목이나 기쁨이 없었습니다. 그 청년은 자신이 채식주의자이기를 그만둘 수 없다는 것을 알았습니다. 왜냐하면 그가 동물을 먹어야 한다면 비참할 것이기 때문입니다. 그는 아버지를 기쁘게 하려고 바꿀 수는 없었지만, 이 긴장된 분위기가 계속되는 것을 원하지 않았습니다. 그는 지성을 사용했습니다. 그는 소극적이지 않았습니다.

어느 날 그는 비디오테이프를 가지고 집에 와서 "아빠, 여기 멋진 다큐멘터리 필름이 있어요"라고 말했습니다. 그런 다음 그는 아버지와 온 가족에게 동물 도살에 관한 비디오를 보여주었습니다. 그의 아버지는 도살되는 동물들을 보면서 너무 고통스러워서 그 영화를 보고 더 이상 고기를 먹고 싶지 않았습니다. 통찰은 직접적이었습니다. 그것은 아이디어가 아니었습니다. 그 청년은 화를 이용하지도 않고, 고통이 그를 압도하도록 두지도 않고, 대신 자애, 지혜와 지성에 근거해서 행동했습니다. 그는 가족 모두가 육식을 멈추게 설득해서 각자의 마음속에 있는 자비심이 자랄 수 있도록 했습니다. 그 다큐멘터리 필름을 보여주는 행위는 매우 효과적이었고 사랑이 넘쳤습니다. 효과적인 행동으로 당신은 아주 큰 승리를 거둘 수 있습니다.

당신은 개인으로서 어떠한 통찰을 얻을 수 있고, 그 통찰은 자비심과 행동하려는 의욕을 불러일으킵니다. 그러나 개인으로서 할 수 있는 일은 그 정도뿐입니다. 다른 사람들이 같은 통찰이 없다면, 당신은 자신의 통찰을 집단적 통찰로 만들기 위해 최선을 다해야 합니다. 하지만 다른 사람들에게 당신의 통찰을 강요할 순 없습니다. 당신의 아이디어를 받아들이도록 강요할 수는 있지만, 그렇게 되면 단순한 아이디어이지 진정한 통찰이 아닙니다. 통찰은 아이디어가 아닙니다. 당신의 통찰을 공유하는 방법은 상대가 당신의 말을 그냥 믿는 것이 아니라 그들 스스로의 경험을 통해 동일한 통찰을 얻을 만한 조건을 만드는 것입니다. 이를 위해선 방편과 인내가 필요합니다.

사랑이 다시 생기도록 돕기

플럼빌리지에는 스물두 살의 아직 젊은 비구니 스님이 한 사람 있습니다. 그녀는 한 모녀가 서로 다시는 보지 않겠다고 맹세한 직후 서로 화해하도록 도울 수 있었습니다. 세 시간 만에 그녀는 이 모녀가 갈등을 해결하도록 도와주었습니다. 결국 둘은 안아주기 명상을 했습니다. 그들은 다정하게 서로를 껴안고 마음챙김을 하며 몇 번이고 숨을 들이쉬고 내쉬었습니다. 그들은 "숨을 들이쉬면서 내가 살아 있음을 생생하게 알아차립니다. 숨을 내쉬면서 내 사랑하는 사람이 아직 여기 내 품안에 살아 있음을 생생하게 알아차립니다." 그들은 서로의 존재라는 선물에 대해 마음챙김을 하도록 수행했고, 지금 바로 이 순간에 깊이 접하며 상대를 포옹하는 행위에 자신들의 100%를 집중했습니다. 그것은 치유로 가득한 시간이었습니다. 이 행위를 통해 그들은 자신들이 서로를 매우 사랑한다는 것을 깨달았습니다. 그들은 인간관계에서, 말하고 듣는 방식에 있어서 서로 능숙하지 않았기 때문에 서로를 그렇게 사랑하는 줄 미처 몰랐습니다.

화나 증오가 있다고 해서 사랑하고 수용할 수 있는 능력이 없다는 의미는 아닙니다. 당신이 숙련된 명상가나 평화 활동가라면 사랑과 이해가 당신 자신과 상대에게 다시 생기도록 도울 수 있습니다. 부디 당신 안에 사랑이 없다고 믿지 마세요. 그것은 사실이 아닙니다. 당신 안에는 항상 사랑이 있습니다. 그것은 햇빛과 같습니다. 비가 오더라도 구름 살짝 위에는 햇빛이 항상 있습니다. 구름 위로 올라가 보면 햇빛이 많이 보입니다. 그러므로 당신 안에 사랑이 없고, 상대에 대한 증오만 있다고 믿는다면 그것은 잘못입니다. 그 사람이 죽을 때까지 기다려보세요. 당신은 울고 또 울고 그가 살아나기를 바랄 것입니다. 이것은 사랑이 있음을 보여줍니다. 상대가 아직 살아 있는 동안, 당신은 당신의 사랑이 드러날 기회를 주어야 합니다. 사랑이 다시 생기도록 하려면, 화에 대처하는 방법을 알아야 합니다. 화는 항상 혼란과 무지와 함께 옵니다.

비난하는 마음을 넘어서

당신이 다섯 살짜리 어린 소녀의 교사라고 가정해 봅시다. 그녀의 어머니가 학교에 그녀를 데리러 올 때, 이 공격적인 어머니가 어린 소녀를 괴롭히는 것을 보았습니다. 당신은 무엇을 할 수 있나요? 많은 일을 할 수 있습니다. 아이는 당신의 말을 들을 것이니 당신은 소녀가 어머니를 이해하도록 도와줄 수 있습니다. 또한 그 아이가 다섯 살밖에 되지 않았지만, 어머니 사이와의 어려움을 그 소녀가 이야기할 기회를 줄 수 있습니다. 당신은 소녀를 위해 좋은 어머니의 역할을 할 수 있습니다. '우리 두 사람이 네 어머니를 도울 수 있어'라고 아이에게 말할 수 있습니다. 어머니가 화를 내고 폭력을 행사하는 순간에 상황을 악화시키지 않기 위해 어떻게 대처하고 대응하면 좋은지를 가르칠 수 있습니다. 어린 소녀를 돕는 것은 매우 중요합니다. 왜냐하면 소녀에게 변화가 생기면 어머니에게 좋은 영향을 미칠 것이기 때문입니다.

어린 소녀의 교사로서 당신은 어머니에게도 접근할 수 있습니다. 자비심과 통찰이 있다면 어머니를 도울 수 있습니다. 그렇지 않으면 어머니는 틀렸고 딸은 옳다고 결론을 내릴 뿐입니다. 당신은 어머니의 학대 행위를 비난할 수 있을 뿐입니다. 당신은 아이에 대한 어머니의 폭력을 반대하지만, 당신의 반대를 표현하는 것만으로는 도움이 되지 않습니다. 당신은 뭔가를 해야 합니다. 학대받는 아이뿐만 아니라 아이의 부모에게도 자비와 통찰에 기초해서 행동해야 합니다. 그녀의 부모를 도울 수 없다면, 아이를 도울 수 없습니다. 당신은 아이를 희생자로, 유일하게 도움이 필요한 사람으로 볼 수 있습니다. 그러나 아이를 돕기 위해 모든 일을 정말로 하고 싶다면 적으로 간주했던 어머니와 아버지를 도와야 합니다. 당신이 부모를 돕지 않으면 그 아이를 도울 수 없습니다. 부모를 돕는 것이 아이를 돕는 것입니다. 부모는 무지, 폭력과 화로 가득 차 있기에 자식이 괴로운 것입니다. 그래서 부모에 대해서도 자비심을 가져야 합니다. 괴로움의 뿌리를 보아야 합니다. 우리 교육자들은 이것을 알아야 하고, 아이들을 돌보기 위해, 우리가 먼저 부모를 돌볼 수 있도록 우리는 모두 협력해야 합니다.

조국에 봉사하다

프랑스 정부는 폭력적인 청소년들을 돌보기 위해 열심히 노력하고 있습니다. 그들은 통찰력이 있습니다. 정부는 이 청년들의 폭력과 고통의 원인이 사회에 있다는 것을 이해하고 있습니다. 대응 방법을 알기 위해서는 의사처럼 경청해야 합니다. 우리는 젊은이들이 왜 그렇게 폭력적이고 화를 내는지 알기 위해서, 우리는 사회라는 생명체에 매우 주의 깊게 귀를 기울여야 합니다. 이렇게 하면 그들의 화와 폭력의 뿌리가 가정에, 부모가 일상생활을 영위하는 방식에 있음을 알 수 있습니다. 그리고 가정 폭력의 뿌리는 사회가 조직되는 방식과 사람들이 소비하는 방식에 있습니다.

　정부도 인간입니다. 정부는 아버지, 어머니, 아들, 딸로 구성되어 있습니다. 그리고 아버지, 어머니, 아들, 딸도 그들의 가정에 폭력이 있습니다. 그러므로 프랑스 총리가 깊이 들여다보는 수행을 하지 않으면, 자신 안에 있는 분노, 폭력, 우울, 괴로움을 보지 못하고, 젊은 세대의 폭력, 분노, 우울을 이해할 수 없을 것입니다. 그는 자신의 정부, 청소년부, 교육부 등의 구성원을 이해하고 그들의 고통도 봐야 합니다. 시민으로서, 정부로서 우리는 행동해야 하지만, 그 행동은 어떤 근거로 이루어져야 할까요? 이해에 근거해야 합니다.

우리 사회에 있는 화와 폭력의 뿌리를 볼 수 있을 만큼, 충분히 깊이 들여다보는 실천을 한다면 우리는 청년들에 대해 많은 자비심을 갖게 될 것입니다. 그들을 가두고 처벌하는 것만으로는 도움이 되지 않는다는 사실을 알게 될 것입니다. 조스팽 전 프랑스 총리가 한 말입니다. 그래서 그와 그의 정부는 통찰이 있었습니다. 그러나 국민으로서, 시민으로서 우리는 도와야 합니다. 우리는 도와서 이러한 통찰을 심화시켜야 합니다. 교육자로서, 부모로서, 예술가로서, 작가로서 우리는 정부를 도울 수 있는 충분한 통찰을 갖도록 실천해야 합니다.

당신이 집권당이 아닌 야당에 속하더라도 실천해야 합니다. 여당을 돕는 것은 조국을 돕는 일입니다. 당신이 도와야 하는 것은 나라이지 정당이 아닙니다. 그리고 현 프랑스 총리가 이제 프랑스 젊은이들의 상황을 개선하기 위해 뭔가를 하려고 할 이번 기회에, 당신의 나라에 봉사하는 적절한 방법은 현 총리에게 당신의 통찰과 도움을 제공하는 것입니다. 이것은 당신이 당신 편 국민이나 당신의 정당을 배신한다는 것을 의미하지 않습니다. 당신의 당은 조국에 봉사하기 위해 존재하는 것이지, 다른 정당이나 집권당에 어려움을 주기 위해 존재하는 것이 아닙니다. 그래서 정치인으로서 '불이不二'를 실천해야 합니다. 당신은 자비가 어떤 정치적 소속보다도 우선한다는 것을 알아야 합니다. 이것은 당리당략의 정치가 아니라 영리한 정치입니다. 그것은 권력 쟁취가 아니라 인도적인 정치로서 사회의 안녕과 변혁을 목표로 합니다.

8장 데이비드와 안젤리나
화는 습관적인 에너지다

데이비드라는 이름의 청년이 있었습니다. 그는 아주 잘생겼고 머리도 영리했습니다. 부유한 가정에서 태어났고 성공하는 데 필요한 모든 것을 갖추고 있었습니다. 그러나 그는 인생을 즐기지 못했습니다. 행복할 줄을 몰랐습니다. 그는 양친, 형제, 누이들과 문제가 많았습니다. 가족과 소통하는 방법을 몰랐습니다. 그는 매우 이기적인 사람이어서 항상 자신의 불행에 대해 아버지, 어머니, 누이, 형제들을 탓했습니다. 그는 많은 고통을 겪었고 불행했습니다. 그가 불행한 것은 모두가 그를 미워하고 처벌하려고 해서가 아니라, 그가 남을 사랑하고 이해할 수 없었기 때문이었습니다. 그는 단 며칠은 친구를 사귈 수 있었지만, 그와 함께하는 것이 너무 힘들어서 친구들이 곧 그를 떠납니다. 그는 매우 거만했고 매우 자기중심적이었으며 이해심과 자비심이 부족했습니다.

어느 날 그는 마을의 불교 사원에 갔지만 법문을 듣기 위해 간 것은 아니었습니다. 법문에는 관심이 없었습니다. 그는 친구가 절실히 필요했기 때문에 새로운 친구를 사귈 수 있다는 희망으로 갔던 것입니다. 지금까지 그의 친구로 남아 있는 사람은 아무도 없었습니다. 그는 부자였고 잘생겼고 많은 사람이 그와 친구가 되고 싶었지만, 모두 얼마 지나지 않아 그를 떠나버렸습니다.

그래서 그날 아침 그는 친구가 없는 삶이 지옥 같아서 절에 갔습니다. 그는 친구나 파트너를 유지할 수는 없었어도 친구와 파트너에 목말랐습니다. 그리고 그가 절에 도착했을 때, 그는 절에서 나오는 한 무리를 지나쳤습니다. 그 가운데 매우 아름다운 아가씨가 있었습니다. 그 젊은 여성의 이미지는 그를 깊이 감동시켰고, 그는 사랑에 빠져 놀라서 말을 잃었습니다. 그는 더 이상 절에 들어갈 생각이 사라졌고, 무리를 따라가기 위해 되돌아 나왔습니다. 불행히도 다른 무리의 사람들이 몰려들어 와서 데이비드가 떠나기 어렵게 되었습니다. 그가 가까스로 절에서 나왔을 때, 아름다운 여인과 그 무리는 사라져 버렸습니다.

그는 한 시간 동안 이곳저곳을 샅샅이 뒤졌지만, 그녀를 찾지 못하고 그 아름다운 인상을 마음에 품고 집으로 돌아갔습니다. 그는 그날 밤, 그다음 날 밤에 잠을 이룰 수 없었습니다.

그리고 사흘째 되는 날 밤 꿈에 흰 수염을 기른 아름다운 노인을 만났습니다. 그 노인은 "그 여성을 만나려면 오늘 동부시장으로 가라"고 말했습니다. 아직 날이 밝지 않았지만, 그는 더이상 잠이 오지 않았습니다. 그는 일어나 정오가 될 때까지 기다렸다가 젊은 여성을 찾으러 출발했습니다.

동부시장에 도착했을 때 사람이 많지 않았습니다. 아직 이른 시간이라 서점에 들어가 둘러보기 시작했습니다. 우연히 그는 고개를 들어 벽에 걸려 있는 퍽 아름다운 젊은 여성의 그림을 보았습니다. 3일 전에 절 앞에서 본 바로 그 아가씨였습니다. 눈, 코, 입이 꼭 같았습니다. 꿈에서 그는 시장에서 그 여자를 만난다는 말을 들었지만, 아마도 이것이 그 노인이 말했던 것, 즉 그가 사진밖에 가질 수 없다는 의미였을 것입니다. '어쩌면 나는 사진만 받을 자격이 있을 거야. 나는 실물은 가질 자격이 없어'라고 생각했습니다. 그래서 그는 책을 사는 대신 그 그림을 사는 데 돈을 전부 썼습니다. 그는 그것을 가져와서 대학 기숙사 방 벽에 걸어두었습니다.

그는 외로웠습니다. 친구가 없었습니다. 종종 그는 캠퍼스 식당에도 가지 않았습니다. 대신 그는 집에 머물면서 즉석 국수를 먹었습니다. 독자는 짐작했듯이 데이비드는 동양인이었습니다. 이날 그는 즉석 국수 두 그릇과 젓가락 두 쌍을 준비했습니다. 두 번째 그릇은 그림 속의 여인을 위한 것이었습니다.

그는 국수를 즐겼고 이따금 고개를 들어 그림 속의 여인을 식사에 초대했습니다.

사람과 소통할 수 없는 사람들이 존재합니다. 그들은 고양이나 개를 동반자로 삼아 함께 살아가면서 모든 사랑과 관심을 쏟아붓습니다. 동물을 위해 가장 비싼 사료를 삽니다. 고양이나 개는 결코 당신과 논쟁하지 않으므로, 사람들은 그들을 사랑하기가 훨씬 쉽습니다. 당신이 싫은 소리를 해도 그들은 반응하지 않습니다. 데이비드도 마찬가지였습니다. 그는 그림 속의 여인과는 평화롭게 살 수 있었지만, 실제의 여인이 거기 있었다면 24시간 이상 그녀와 함께 살 수 없었을 것입니다.

어느 날 그는 국수 한 그릇을 다 먹을 수가 없었습니다. 인생에 맛이 전혀 없는 것 같았습니다. 목에 걸리는 것 같았지요. 그 순간 그는 그림을 올려다보았습니다. "살아서 뭐하냐?" 하고 물어보려고 했을 때, 그녀는 눈을 깜박이고 미소를 짓고 있었습니다. 그는 깜짝 놀랐습니다. 꿈을 꾸고 있다고 생각했습니다. 그는 눈을 비비고 다시 위를 올려다보았지만, 그녀는 거기에 꼼짝없이 있었습니다. 며칠 후, 그는 그 여자가 다시 미소를 지으며 눈을 깜박이는 것을 보았습니다. 그가 매우 놀라서 그녀를 계속 바라보자, 갑자기 그녀는 진짜 사람이 되어 그림에서 내려왔습니다. 이름은 안젤리나(천사)였습니다. 천국에서 왔기 때문입니다. 그 청년이 얼마나 행복했는지 상상하지도 못할 거예요. 그는 낙원에 있었습니다. 이렇게 아름다운 젊은 여성을 친구로 두는 것보다 더 멋진 일이 어디 있겠습니까?

하지만 나머지 이야기는 이미 짐작하셨을 겁니다. 그는 안젤리나처럼 명랑하고 착한 사람과도 행복할 수 없었습니다. 그리고 3~4개월 후 그녀는 그를 떠났습니다. 데이비드와 같은 남자와 사는 것은 불가능했습니다. 어느 날 아침 잠에서 깬 그는 책상에서 쪽지를 발견했습니다. 젊은 여자는 영영 가버렸습니다. 그녀는 이렇게 썼습니다. "데이비드, 당신과 함께 사는 것은 불가능해요. 당신은 너무 자기중심적이며 남의 말을 들을 능력이 없어요. 당신은 지적이고 잘생기고 부자예요. 그러나 당신은 상대와의 관계를 유지하는 방법을 몰라요." 그날 아침, 데이비드는 자살하고 싶었습니다. 그는 그렇게 상냥하고 아름다운 여인과 살 수 없다면 자신이 가치 없는 자라고 생각했습니다. 그는 목맬 밧줄을 찾고 있었습니다.

프랑스에서는 매년 1만 2천 명이 자살합니다. 매일 약 33건입니다.* 너무 많습니다. 그리고 데이비드는 그중의 한 사람으로서 당신이 구해주길 기다리고 있습니다. 미국과 유럽 전역에서 자살률은 거의 같습니다. 사람들은 절망에 빠져 있습니

---

* 2022년 통계에 따르면, 프랑스는 인구 10만 명 당 자살자 숫자, 곧 자살률 약 12.0으로 OECD 회원국 38개 나라 중 14번째, 한국은 24명 정도로 단연 1위였다. 위키백과 2024. 03. 05.(역주)

다. 우리 중 많은 사람에게 소통은 불가능해졌고 삶은 무의미해졌습니다.

마음의 향을 바치다

데이비드는 밧줄로 매듭을 만들다가 안젤리나가 어느 날 미소를 지으며 "데이비드, 언젠가 내가 더 이상 당신 곁에 없고 너무나 그리워지면, 향을 한 번 피워봐요"라고 말한 것이 갑자기 기억났습니다. 그녀가 이 말을 한 바로 그날, 그를 설득하여 함께 절에 와서 법문을 듣도록 할 수 있었습니다. 거기서 스님은 소통을 위해 향을 바치는 방법을 설명하고 있었습니다. 당신은 향을 피워서 부처님과 보살, 조상들과 소통하고자 합니다. 우리가 조상과 소통할 수 있다면 주변의 형제자매들과도 소통할 수 있습니다. 그래서 스님은 향 공양을 통한 소통에 대해 말하고 있었던 것입니다. 그는 우리가 바치는 향은 마음의 향, 즉 마음챙김의 향, 집중의 향, 지혜와 통찰의 향이어야 한다고 말했습니다. 데이비드는 안젤리나 옆에 앉아 있었지만 깊이 듣지 않았습니다. 그러나 그 사건을 기억할 정도로는 들었습니다. 두 사람이 절을 떠난 후 안젤리나는 그를 돌아보며 말했습니다. "데이비드, 어느 날 만약 저를 만나고 싶으면 향을 피워봐요."

이 말을 기억하고 그는 밧줄을 팽개치고 근처 가게로 달려가 향 한 묶음을 샀습니다. 그러나 데이비드는 분향법을 몰랐습니다. 플럼빌리지에서는 향을 드릴 때마다 한 개비만을 사용합니다. 그는 한 묶음을 통째로 사용했고 불과 몇 분 만에 그의 방은 연기로 가득 찼습니다. 그는 15분, 30분, 1시간을 기다렸지만, 안젤리나는 나타나지 않았습니다. 그래서 그는 스님이 한 말을 기억했습니다. "진정한 소통이 가능하려면 마음의 향, 즉 마음챙김의 향을 바쳐야 합니다. 집중의 향, 통찰의 향이지요." 마음챙김 없이 향을 피우는 것은 효과가 없을 것입니다.

데이비드는 그 자리에 앉아서 자신의 상황을 깊이 반성했습니다. 그는 자신이 부모와도, 형제와 누이와도, 친구와도, 자신의 공동체와도 소통에 성공하지 못했음을 알았습니다. 그는 심지어 안젤리나와도 실패했습니다. 그는 자신의 고통에 대해 항상 다른 사람을 탓한다는 것을 알기 시작했습니다. 그가 잠시라도 집중해서 약간의 통찰을 얻게 된 것은 이번이 처음이었습니다. 그는 조용히 앉아서, 태어나 처음으로 자신이 부모를 부당하게 대했으며 소통이 불가능했던 것은 자신에게도 어느 정도 책임이 있었음을 알게 되었습니다. 그는 모든 이를 탓해 왔습니다. 그는 자신에게 어떻게 책임이 있는지 지금까지 이해하지 못했습니다. 안젤리나와 같은 달콤하고 아름다운 사람과도 그는 성공하지 못했습니다.

처음으로 눈물이 뺨을 타고 흘러내렸고, 부모, 형제, 누이, 친구들을 대하는 자신의 방식에 대해 그는 진심으로 미안해했습니다. 어느 날 밤늦게 술에 취해 집으로 돌아와 안젤리나를 때리고 학대했던 것을 떠올렸습니다. 이 모든 것을 생각하자, 갑자기 고통과 불행으로 가득한 그의 마음에 자비심 한 방울이 뚫고 들어왔습니다. 그는 계속 울었습니다. 울면 울수록 마음이 상쾌해지는 기분이었습니다. 심경에 변화가 일어난 것입니다. 그는 안젤리나가 그에게 말하려고 했던 것, 즉 5가지 마음챙김의 수행법에 따라 사는 것, 깊은 경청과 사랑의 말에 대해 이해하기 시작했습니다. 그는 새로 시작하고 싶다는 의욕을 느꼈고, 만일 안젤리나가 돌아온다면 새사람이 될 것이라고 스스로에게 말했습니다. "나는 어떻게 그녀를 돌볼지, 그리고 어떻게 하면 행복해질 수 있을지 알아낼 거야"라고요. 그 순간 누군가가 문을 두들겼습니다. 안젤리나가 돌아온 것입니다. 데이비드는 겨우 한 시간 동안 수행했지만, 그의 변화는 근본적이었습니다.

우리 중에 데이비드와 안젤리나가 있다

데이비드가 이야기 속의 인물, 과거의 인물이라고만 생각하지 마십시오. 아닙니다. 데이비드는 지금도 살아 있습니다. 그는 여기 우리 가운데 앉아 있습니다. 안젤리나도 있습니다. 데이비드는 영리하고 미남이지만 자신의 불행에 대해 항상 상대들을 비난하는 매우 강한 습관 에너지를 가지고 있다는 것을 기억하십시오. 그는 부모, 형제, 누이 또는 친구들과 소통할 수가 없었습니다. 그들을 고통스럽게 했습니다. 그는 그들을 불행하게 만들고 싶지 않았지만, 그의 습관 에너지가 너무 강해서 그 자신도 막을 수가 없었습니다. 그는 고독했고, 세상에서 그 정도로 고독한 사람은 자신밖에 없다고 생각했습니다. 그는 자기편에 설 수 있는 단 한 사람의 이해를 갈망했습니다. 우리 모두에게는 이러한 욕구가 있습니다. 아주 인간적인 것이지요. 우리에게는 자신을 진정으로 이해하고 인생의 난관에 맞서게 도와줄 누군가가 필요합니다.

그러므로 데이비드를 이해하는 것은 어렵지 않습니다. 당신은 그의 가장 깊은 열망을, 그의 어려움을 이해합니다. 어느 날 안젤리나가 그의 인생에 등장했습니다. 우리에게도 이런 행운이 가끔 찾아옵니다. 때때로 아주 좋은 사람이 우리 인생에 등장합니다. 그리고 우리가 그 사람을 돌볼 줄 안다면 우리의 인생은 더 의미 있게 될 것입니다. 그러나 우리 자신과 우리의 습관 에너지를 돌보는 방법을 모른다면, 우리는 우리의 안젤리나를 돌보는 방법도 모를 것입니다. 그래서 우리는 그녀에게 화를 내며 그녀를 학대할 것이고, 우리의 행동으로 인해 안젤리나는 매우 크게 괴로워하며 우리를 떠날 것입니다.

우리 인생에서 안젤리나 잃지 않기

안젤리나가 그림에서 나와서 진짜 인간이 된 순간, 안젤리나는 데이비드에게 천상의 미소를 지었습니다. 그녀는 국수 그릇을 보고 "어떻게 그런 정크푸드를 먹을 수 있어요? 잠깐만요." 그러고 그녀는 사라졌습니다. 그리고 눈 깜짝할 사이에 녹색 채소 바구니를 들고 다시 나타났습니다. 그녀는 데이비드가 익숙하게 먹던 인스턴트 음식과는 사뭇 다른 맛있는 국수를 준비했습니다. 안젤리나는 재능이 있습니다. 그녀는 당신을 행복하게 만드는 방법을 알고 있습니다. 그러나 당신은 감사하지 않았고 이해력도 부족했습니다. 당신은 안젤리나를 곁에 둘 수 없었고, 그래서 그녀는 떠났습니다.

이제 당신이 안젤리나라고 해봅시다. 당신의 데이비드는 함께하기에는 너무 어려운 사람이라 당신은 데이비드를 떠났습니다. 당신은 그를 도우려고 최선을 다했지만, 그와 함께 사는 것은 불가능했습니다. 그는 당신이 바로 그의 안젤리나임을 인정할 수가 없었습니다. 그의 습관 에너지는 그의 심신에 독을 주입하는 방식으로 계속 생활하고 소비하게 만들었습니다. 어쩌면 그는 매일 밤 술집에 가서 술에 취했던 것 같습니다. 그리고 당신이 그에게 아무리 애원해도 그는 술을 끊지 않았습니다. 그리고 매일 밤 술에 취한 채로 귀가해서 당신을 때렸습니다. 그는 당신의 말을 하나도 듣질 않았습니다. 당신이 아무리 상냥해지고 인내하려고 노력해도, 그는 항상 당신의 말을 중간에서 끊고 말을 끝내지 못하게 했습니다. 그는 당신의 말을 경청하지 못했습니다. 당신은 인내했지만, 한계가 있었습니다. 소통이 불가능해서 당신은 포기하고 말았습니다.

당신의 안젤리나는 지금 어디에?

데이비드는 누구이고 안젤리나는 누구입니까? 이 질문에 답해 보십시오. 당신은 데이비드입니까? 당신이 데이비드라면 지금 당신의 안젤리나는 어디에 있습니까? 그녀는 여전히 당신과 함께 있습니까, 아니면 당신을 떠났습니까? 그녀에게 무슨 짓을 한 겁니까? 그녀를 어떻게 대했습니까? 그녀를 잘 돌보았습니까? 그녀를 행복하게 해줄 수 있었습니까? 우리는 이 모든 질문을 자신에게 던져야 합니다. "나의 안젤리나는 지금 어디에 있지? 그녀는 어디에 있지? 내가 그녀에게 무슨 짓을 한 걸까?" 이것들은 우리가 내면을 깊이 들여다보는 데 도움이 되는 매우 중요한 질문입니다.

이것이 명상, 진정한 명상입니다. 데이비드는 당신의 파트너일 수도 있습니다. 안젤리나가 당신의 파트너일 수 있습니다. 안젤리나는 남자일 수도 여자일 수도 있습니다. 데이비드도 마찬가지입니다. 안젤리나가 당신의 인생에 등장했습니다. 처음에는 당신은 그녀와 함께해서 너무 행복했고 그 존재를 소중히 여겼습니다. 당신은 그녀와 함께 있으면 삶이 다시 가능하리라고 생각했습니다. 그러나 당신은 계속 그렇게 인식할 수가 없었습니다. 당신은 안젤리나가 당신에게 인생의 선물이라는 깨달음을 잃어버렸습니다. 당신이 그녀를 너무 괴롭히니 그녀는 당신을 떠났습니다. 그녀가 당신에게 5가지 마음챙김 수행법을 실천하라고 간곡히 부탁했지만, 당신의 강한 습관 에너지 때문에 결코 수용하지 않았습니다. 그녀는 당신에게 절제하며 소비하고, 담배와 술을 끊으라고 간청했습니다. 그녀는 당신에게 사랑의 말을 하라고, 깊이 경청하라고, 당신 마음속에 있는 부정적인 씨앗에 물을 주는 사람 대신 착한 사람들과 사귀라고 청했습니다. 그러나 당신은 그녀의 말을 하나도 듣지 않았습니다. 당신은 당신의 습관 에너지에 떠밀려 당신의 삶의 방식을 고수했고, 그래서 그녀는 떠나갔습니다.

당신의 안젤리나는 당신의 딸일 수도 아들일 수도 있습니다. 그 사람이 당신의 인생에 나타났습니다. 그 사람을 어떻게 대했습니까? 당신은 아들이나 딸과 화합, 평화, 사랑 속에서 살아갈 수 있었습니까? 아니면 당신의 안젤리나와의 관계에서 어려움을 겪고 있습니까? 당신의 안젤리나가 집을 나갔을 수도 있습니다. 이야기 속에서 데이비드는 안젤리나가 떠나자 자살하려고 했습니다. 그런데 향으로 소통하라는 말을 상기하고는 갑자기 절망이 희망으로 바뀌었습니다. 그는 마음챙김과 집중의 향을 올리면 안젤리나가 자신에게 돌아올 것이라고 믿었습니다. 그는 앉아서 생각하고 자기의 인생을 되돌아볼 기회를 가졌습니다.

새로 시작하기

매일매일 우리는 계속 달립니다. 우리는 멈춰 서서 우리의 인생을 깊이 들여다보는 능력이나 기회가 없습니다. 우리는 인생을 이해하려면 되돌아보고, 깊이 들여다보아야 합니다. 데이비드는 45분 동안 방에 앉아 자신의 인생을 반성했습니다. 그는 많은 것을 깨달았고 울기 시작했습니다. 그는 태어나서 처음으로 울었습니다. 자신의 습관 에너지가 주변 사람들, 부모, 친구, 형제, 누이에게, 그리고 자신에게 끼친 피해를 깨달았기 때문입니다.

우리는 매일 좌선 명상을 한다고 하면서도, 이런 통찰을 얻었습니까? 좌선 명상을 통해 안젤리나가 천사로서 당신의 삶에 들어오는 것을 보아야 합니다. 당신은 당신과 그녀 사이의 상황이 왜 악화되었는지 알아야 합니다. 당신이 그녀를 어떻게 대했는지, 그녀를 어떻게 고통스럽게 했는지, 그녀가 당신을 왜 떠났는지를 알아야 합니다. 이렇게 당신이 당신의 인간관계를 들여다볼 수 있다면, 깊은 명상을 하는 셈입니다. 당신이 얻은 통찰은 무엇을 해야 하고 무엇을 하지 말아야 하는지 당신에게 정확히 알려줄 것입니다. 마음의 향을 올리고 안젤리나를 다시 불러올 수도 있습니다. 안젤리나는 항상 거기에 있습니다. 사랑은 여전히 그녀의 마음에 있습니다. 마음의 향, 마음챙김 수행의 향, 집중과 통찰의 향을 올릴 줄 안다면 그녀는 당신을 용서할 준비가 되어 있습니다.

당신은 운이 좋은 사람일지 모릅니다. 한 명 이상의 안젤리나가 당신의 인생 안으로 들어왔기 때문입니다. 당신의 파트너, 당신의 아들과 딸, 당신의 아버지와 어머니 또한 당신의 안젤리나입니다. 수행이란 당신의 안젤리나를 그녀의 진정한 이름으로 불러내서 그 사람이 당신의 안젤리나임을 인지하고 감사하기 위한 것입니다. 안젤리나가 당신의 삶에 들어온 적이 없다고 말하지 마십시오. 그건 사실이 아닙니다. 마음을 챙기며 앉아서 조용히 그 사람의 이름을 부르십시오. "나의 안젤리나, 미안해. 당신이 내 인생에 들어왔는데, 나는 당신을 괴롭혔어요. 동시에 나 자신도 괴롭혔어요. 그건 내 의도는 아니었어요. 나는 미숙했어요. 마음챙김의 수행을 통해 나 자신과 당신을 보호하는 법을 몰랐어요. 새로 시작하고 싶어요." 당신이 정말 이렇게 수행하면 안젤리나는 당신에게로 돌아올 것입니다.

나의 안젤리나 보호하기

나도 데이비드입니다. 내 인생에는 안젤리나가 많습니다. 그리고 내 작은 명상 홀에는 약 100명의 안젤리나 사진이 있습니다. 그들은 프랑스와 미국의 수행 센터에 사는 나의 제자입니다. 나는 좌선 명상을 하기 전에 항상 그 그림을 보고 나의 안젤리나 모두에게 절을 합니다. 그런 다음 나는 자리에 앉아서 내 안젤리나들이 절대 나를 떠나지 않도록 살겠다고 맹세합니다. 나는 마음챙김을 하면서 말하고, 마음챙김의 수행을 행하며, 나의 안젤리나를 배신하지 않겠다고 서약합니다. 그렇게 함으로써 나는 내 안젤리나들에게 고통을 주지 않고 그들에게 기쁨을 줄 수 있습니다. 이것은 나를 매우 기쁘게 합니다.

안젤리나가 당신을 떠났다면 그녀를 당신의 삶으로 다시 데려오기 위해 무엇을 하시겠습니까? 당신의 안젤리나는 여전히 당신과 함께 있을 수도 있습니다. 하지만 당신을 떠나려 하거나, 이미 당신을 떠났을 수도 있습니다. 두 경우 모두 지켜내는 수행이 필요합니다. 그 수행이 그녀를 옆에 두거나 다시 데려오는 데 도움이 될 수 있기 때문입니다. 추상적 개념에 빠지지 마십시오. 영적인 가르침은 생생한 것이며 안젤리나를 보호하는 데 도움이 될 수 있습니다. 진정한 지혜와 자비심은 진정한 고통에 접할 때만 생깁니다. 이것이야말로 상황에 적합하고 효과적이고 적절한 부처님의 법입니다. 모든 시간과 에너지를 사용해서 반성하며 다음 질문을 하십시오. '나의 안젤리나는 지금 어디에 있을까? 내가 그녀를 어떻게 대했나? 그리고 그녀가 떠났다면, 그녀를 집으로 다시 데려오려면 어떻게 해야 하나?'

9장 마음챙김으로 화를 안아주기

화의 매듭

우리의 의식에는 부정적 마음 작용으로 불리는 고통, 분노, 좌절의 응어리가 있습니다. 그것들은 우리를 묶고 우리의 자유를 방해하기 때문에 매듭(결結)이라고도 합니다.

누군가가 우리를 모욕하거나 우리에게 불친절한 행동을 하면 우리의 의식 속에 마음 작용이 생깁니다. 그런 내면적인 매듭을 풀거나 그것을 바꾸는 방법을 모르면 그 매듭은 오랫동안 유지됩니다. 그리고 다음에 누군가가 당신에게 같은 종류의 말을 하거나 행동을 하면 그 마음 작용은 더 강해질 것입니다. 우리 안에 있는 고통의 매듭이나 응어리처럼, 우리의 마음 작용은 우리를 밀어붙이고 우리 행동을 지시하는 힘이 있습니다.

시간이 좀 지나면, 우리는 매듭을 바꾸고 푸는 것이 매우 어려워져서 이 단단해진 마음 작용의 매듭을 느슨하게 할 수 없습니다. 마음 작용을 가리키는 산스크리트어 단어는 삼요자나(samyojana)입니다.* "결정화結晶化하다"는 뜻입니다. 우리 모두에게는 돌봐야 할 마음 작용이 있습니다. 명상을 통해 우리는 이러한 매듭을 풀고 변화와 치유를 경험할 수 있습니다.

모든 마음 작용이 불쾌한 것은 아닙니다. 유쾌한 마음 작용들도 있긴 하지만 그것들도 여전히 우리를 고통스럽게 할 수 있습니다. 유쾌한 것을 맛보거나 듣거나 볼 때 그 쾌락은 마음 속 강한 매듭이 될 수 있습니다. 쾌락의 대상이 사라지면 당신은 그것을 그리워하고 찾기 시작합니다. 당신은 그것을 재경험하기 위해 많은 시간과 에너지를 소비합니다. 마리화나를 피우거나 술을 마시고 좋아하기 시작하면, 그것은 심신 내부에서 마음 작용이 됩니다. 당신은 그 작용을 마음에서 털어낼 수가 없습니다. 항상 더 찾게 될 것입니다. 내부 매듭의 힘은 당신을 밀어붙이고 당신을 통제하고 있습니다. 따라서 마음 작용은 우리의 자유를 박탈합니다.

사랑에 빠지는 것은 강력한 마음 작용입니다. 사랑에 빠지면 상대만 생각합니다. 당신은 더 이상 자유롭지 않습니다. 당신은 아무것도 할 수 없습니다. 공부할 수도, 일할 수도 없으며,

---

* 번뇌를 의미하는 단어의 하나로서 주로 結로 번역된다.(역주)

햇빛이나 주변 자연의 아름다움을 즐길 수도 없습니다. 당신은 당신이 사랑하는 대상만을 생각합니다. 그래서 우리는 사랑을 마치 일종의 사고처럼, "사랑에 빠졌다"고 말합니다. 당신은 넘어진 것입니다. 당신은 사고에 휘말려서 더 이상 안전하지 않습니다. 따라서 사랑도 마음의 매듭이 될 수 있습니다.

유쾌한 것이든 불쾌한 것이든 두 종류의 매듭 모두 우리의 자유를 앗아갑니다. 따라서 이러한 매듭이 우리 안에 뿌리를 내리지 않도록 몸과 마음을 매우 조심스럽게 지켜야 합니다. 약물, 알코올 및 담배는 우리 몸에 마음 작용을 만들 수 있습니다. 그리고 화, 갈망, 질투, 절망도 우리 마음에 마음 작용을 만듭니다.

공격성 연습

화는 우리를 괴롭히는 마음 작용이기 때문에, 우리는 그것을 없애기 위해 최선을 다합니다. 심리학자들은 그것을 "해소하기"라고 표현하길 좋아합니다. 그들은 연기로 가득 찬 방을 환기하는 것처럼 화를 발산하는 것을 말합니다. 일부 심리학자들은 화의 에너지가 마음에서 일어나면 베개를 때리거나, 무언가를 발로 차거나, 숲으로 들어가 소리치고 고함질러야 하는 등 화의 에너지를 발산해야 한다고 말합니다.

어렸을 때 당신은 욕을 해서는 안 되었습니다. 부모님은 당신이 욕을 하도록 내버려두지 않으셨을 겁니다. 왜냐하면 그것들은 해롭고 관계를 손상하기 때문입니다. 그래서 당신은 숲속이나 외딴곳에 가서 억압감을 해소하기 위해 이런 말들을 아주 또렷하게, 아주 강하게 외쳤을 것입니다. 이것도 발산입니다.

베개를 때리거나 소리 지르기 같은 방법으로 발산을 하는 사람들은 사실 화를 예행 연습하는 것과 같습니다. 화를 내고 베개를 쳐서 화를 발산하는 것은 위험한 습관을 배우는 것입니다. 그들은 공격성을 연습하고 있습니다. 그보다도, 우리는 마음챙김의 에너지를 생성하고 화가 생길 때마다 안아주어야 합니다.

부드러움으로 화에 대처하기

마음챙김은 화나 절망과 싸우지 않습니다. 마음챙김은 인지하기 위해 존재합니다. 무언가에 대해 마음챙김을 하는 것은 바로 이 순간에 무언가가 있음을 인지하는 것입니다. 마음챙김은 바로 이 순간에 일어나고 있는 일을 알아차리는 힘입니다. "숨을 들이쉬며 나는 화가 내 속에 생긴 것을 압니다. 숨을 내쉬며 나는 화를 향해 미소 짓습니다." 이것은 억압이나 싸우는 행위가 아니라, 인지하는 행위입니다. 일단 우리가 우리의 화를 인지하면서, 우리는 깊은 알아차림과 부드러움으로 화를 안아줍니다.

방이 추울 때 히터를 켜면 히터가 온풍을 보내기 시작합니다. 방이 데워지는 데 냉기가 방을 떠날 필요는 없습니다. 열기가 냉기를 감싸면 따뜻해지므로, 열기와 냉기 사이에 충돌은 전혀 없습니다.

우리는 같은 방식으로 화를 돌보는 수행을 합니다. 마음챙김은 화를 인지하고, 화의 존재를 생생하게 자각하고, 화를 수용하고, 화가 거기 있도록 허락합니다. 마음챙김은 동생의 고통을 억누르지 않는 형과 같습니다. 그는 그저 "동생아, 내가 여기 있단다" 하고 말할 뿐입니다. 당신은 동생을 품에 안고 위로합니다. 이것이 바로 우리의 수행입니다.

아기가 울면 아기에게 화를 내며 때리는 어머니를 상상해 보십시오. 그 어머니는 자신과 아기가 하나임을 모릅니다. 우리는 우리의 화의 어머니와 같고, 따라서 우리의 아이인 화와 싸우거나 그것을 부수는 것이 아니라 도와주어야 합니다. 우리의 화는 우리 자신이고, 우리의 자비 또한 우리 자신입니다. 명상은 싸우는 것이 아닙니다. 불교에서 명상 수행은 싸움이 아니라 안아주고 바꾸는 수행이어야 합니다.

화를 이용하고 고통을 이용하기

깨달음의 나무를 키우기 위해서 우리는 우리의 고통, 괴로움을 잘 활용해야 합니다. 그것은 연꽃을 키우는 것과 같습니다. 우리는 대리석 위에서 연꽃을 키울 수 없습니다. 우리는 진흙이 없으면 연꽃을 기를 수 없습니다.

명상 수행자는 마음 작용을 차별하거나 부정하지 않습니다. 우리는 우리 자신을 선과 악이 다투는 전쟁터로 바꾸지 않습니다. 우리는 우리의 고통, 화, 질투를 매우 부드럽게 대합니다. 화가 우리 안에 생기면 바로 마음챙김의 호흡을 해야 합니다. "숨을 들이쉬며 내 속에 화가 있음을 알아차려요. 숨을 내쉬면서 내 화를 잘 보살피겠어요." 이렇게 우리는 어머니처럼 행동합니다. "숨을 들이쉬며 나는 내 아이가 울고 있음을 알아요. 숨을 내쉬며 나는 내 아이를 잘 돌보겠어요." 이렇게 말합니다. 이것은 자비의 실천입니다.

당신이 자신을 자비롭게 대하지 못하면, 어떻게 남을 자비롭게 대할 수 있겠습니까? 화가 나면 마음챙김 호흡과 걷기를 계속 수행하면서 마음챙김의 에너지를 생성하세요. 당신 안에 있는 화의 에너지를 계속해서 부드럽게 안아주십시오. 화는 한동안 지속되겠지만 부처님이 당신 안에 있어서 당신이 화를 잘 돌보도록 도와주기 때문에 당신은 안전합니다. 마음챙김의

에너지는 부처님의 에너지입니다. 마음챙김의 호흡을 하면서
화를 안아주면 부처님이 보호해 주십니다. 여기에 의심의 여
지가 없습니다. 부처님은 대비심大悲心으로 당신과 당신의 화
를 안아주십니다.

마음챙김의 에너지를 주고받기

화가 나거나 절망감이 생기면, 마음챙김 호흡과 걷기를 수행
하여 마음챙김의 에너지를 생성하십시오. 이 에너지는 당신이
고통스러운 감정을 알아차리게 하고 안아줄 수 있게 합니다.
그리고 만약 당신의 마음챙김이 충분히 강하지 않다면, 당신
은 수행하는 형제나 자매에게 당신 가까이 앉아서 함께 호흡
하고 걷자고 하세요. 그러면 그들은 그들의 마음챙김의 에너
지로써 당신을 도와줄 것입니다.

　마음챙김을 수행한다고 해서 모든 것을 혼자 해야 한다는 것
은 아닙니다. 친구들의 도움을 받아 수행할 수 있습니다. 그들
은 충분한 마음챙김의 에너지를 생성해서 당신의 강한 감정을
돌볼 수 있도록 도와줍니다.

　다른 사람이 곤란에 직면하면 우리는 마음챙김으로 그들을
도울 수 있습니다. 우리 아이가 강한 감정에 빠지면, 우리는 아
이의 손을 잡고 "애야, 숨을 쉬어. 엄마, 아빠와 함께 숨을 들

이쉬고 내쉬자." 우리는 또 아이를 초대하여 우리와 함께 걷기 명상을 할 수 있습니다. 그때 아이의 손을 부드럽게 잡아주고, 한 걸음 뗄 때마다 진정하도록 도와줄 수 있습니다. 아이에게 당신의 마음챙김의 에너지를 약간 주면, 그 아이는 매우 빨리 진정되고 자신의 감정을 안아줄 수 있습니다.

화의 고통을 인지하고 안아주고, 해소해 주기

마음챙김의 첫 번째 기능은 싸움이 아니라 인지입니다. "숨을 들이마시면서 나는 화가 내 안에 나타난 것을 압니다. 안녕, 내 작은 화야." 그리고 숨을 내쉬며 말합니다. "내가 잘 돌봐 줄게."

일단 우리는 우리의 화를 인지하면 그것을 안아줍니다. 이것 이 마음챙김의 두 번째 기능이며 매우 즐거운 수행입니다. 싸우는 대신 감정을 잘 돌봅니다. 화를 안아주는 방법을 안다면, 무언가가 바뀔 것입니다.

우리는 그것이 감자 요리와 같다고 여러 번 말했습니다. 냄비를 덮으면 물이 끓기 시작합니다. 감자가 익으려면 적어도 20분 동안 스토브를 켜 두어야 합니다. 당신의 화는 감자의 일종이며, 생감자는 먹을 수 없습니다.

마음챙김은 화라는 감자를 요리하는 불과 같습니다. 최초의 수 분간 화를 인지하고 부드럽게 안아주는 것만으로도 효과가 있습니다. 당신은 약간 안심하게 됩니다. 화는 여전히 존재하지만 더 이상 그렇게 괴롭지는 않습니다. 아기를 돌보는 방법을 알고 있기 때문입니다. 마음챙김의 세 번째 기능은 진정과 완화입니다. 화가 있지만 돌봄을 받고 있습니다. 혼자 남겨진 아이가 우는 그런 혼란의 상황이 아닙니다. 어머니는 아기를 돌보기 위해 거기 있으며 상황은 통제되고 있습니다.

마음챙김 유지하기

이 어머니는 누구인가? 어머니는 살아 있는 부처님입니다. 마음챙김의 능력, 이해하고 사랑하고 돌보는 능력은 우리 안의 부처님입니다. 우리가 마음챙김을 할 수 있을 때마다, 그것은 우리 안의 부처님을 현실로 만듭니다. 당신 안에 부처님이 있으면 더 이상 걱정할 것이 없습니다. 당신 속의 부처님을 살아 있게 하는 방법을 알면 만사형통입니다.

우리 안에 항상 부처님이 있음을 인지하는 것이 중요합니다. 우리가 화를 내거나 불친절하거나 절망할지라도 부처님은 항상 우리 안에 있습니다. 이는 우리가 항상 마음챙김을 할 수 있는 잠재력을, 그리고 이해하고, 사랑할 수 있는 잠재력을 가지고 있음을 의미합니다.

우리 안에 있는 부처님을 접하기 위해서는 마음챙김 호흡이나 걷기를 실천해야 합니다. 당신이 당신의 의식 속에 있는 마음챙김의 씨앗을 접하면, 부처님은 당신의 심의식心意識에 나타나서 당신의 화를 안아줄 것입니다. 걱정하지 마십시오. 계속해서 호흡이나 걷기를 수행하여 부처님을 살려두십시오. 그러면 만사형통입니다. 부처님은 화를 인지하고 안아줍니다. 부처님은 화를 달래고 화의 본성을 깊이 들여다봅니다. 부처님은 이해합니다. 그리고 이러한 이해는 변화를 가져옵니다.

마음챙김의 에너지 안에는 집중(지止)과 통찰(관觀)의 에너지가 들어 있습니다. 집중은 우리를 오직 하나에만 주목하게 합니다. 집중하면 보는 에너지가 더 강해져서 통찰이라는 돌파구를 만들어 냅니다. 통찰은 항상 당신을 해방하는 힘이 있습니다. 마음챙김이 있고 마음챙김을 살려두는 방법을 안다면 집중도 거기에 있을 것입니다. 그리고 집중을 생생하게 유지하는 방법을 안다면 통찰도 생깁니다. 그래서 마음챙김은 인지하고, 안아주고, 안심시킵니다. 마음챙김은 깊이 들여다보게 해서 통찰을 얻게 해줍니다. 통찰은 해방의 요소입니다. 그것은 우리를 자유롭게 하고 변화시킵니다. 이것이 화를 돌보는 불교 수행법입니다.

지하실과 거실

우리의 의식을 집에 비유하면, 집에는 두 부분이 있습니다. 지하실에 있는 잠재의식(장의식藏意識)과 거실에 있는 심의식(心意識, 현재顯在의식)입니다. 화와 같은 마음 작용은 잠재의식, 결국 지하실에 씨앗의 모습으로 잠재되어 있습니다. 우리가 듣고, 보고, 읽고, 생각하는 무엇이 그 화의 씨앗에 접할 때까지 그렇게 있습니다. 접하게 되면 그 씨앗은 싹이 터서 당신의 현재의식 차원, 곧 거실에 나타납니다. 씨앗은 에너지 지대로 나타나고, 그 지대는 거실의 분위기를 무겁고 불쾌하게 만듭니다. 화의 에너지가 올라오면 우리는 고통을 받습니다.

화가 나타날 때마다 수행자는 마음챙김 걷기와 호흡 수행을 통해 즉시 마음챙김의 에너지가 나타나도록 합니다. 이런 식으로 또 다른 에너지 지대, 즉 마음챙김의 에너지가 생깁니다. 마음챙김 걷기와 호흡을 실천하는 방법, 마음챙김 청소와 마음챙김 일하는 방법, 일상생활에서 마음챙김을 수행하는 방법을 배우는 것은 매우 중요합니다. 그러면 부정적인 에너지가 나타날 때마다 그것을 안아주고 돌보기 위해 마음챙김의 에너지를 생성하는 방법을 알게 될 것입니다.

마음의 순환도 중요하다

우리 몸에는 독이 있는데, 혈액순환이 원활하지 않으면 이 독이 특정 부위에 쌓이게 됩니다. 건강을 유지하기 위해 우리의 유기체는 이러한 독을 배출해야 합니다. 마사지는 혈행을 촉진합니다. 혈행이 잘 되면 신장, 간, 폐와 같은 장기에 영양을 공급하고, 몸에서 독을 배출할 수 있습니다. 따라서 혈행이 잘 되는 것이 중요합니다. 물을 많이 마시고 심호흡을 하는 것도 피부, 폐, 소변 및 배설물을 통해 몸에서 독을 배출하는 데 도움이 될 수 있습니다. 우리 시스템에서 독소를 제거하는 데 도움이 되는 모든 행위는 매우 중요합니다.

이제 내 몸에 많은 독이 축적되어 매우 아픈 부분이 있다고 가정합니다. 이 부분을 만질 때마다 아픕니다. 이것은 마음속의 매듭을 만지는 것과 같습니다. 마음챙김의 에너지, 마음챙김의 수행은 마음 작용을 마사지하는 수행과 같습니다. 당신 안에 괴로움, 고통, 슬픔, 절망의 응어리가 있을 수 있으며, 이것은 당신의 의식 안에 있는 독입니다. 독을 안아주고 바꾸려면 마음챙김을 수행해야 합니다.

마음챙김의 에너지로 당신의 고통과 슬픔을 안아주는 것은, 정확히 말하자면 몸이 아니라 의식을 마사지하는 수행입니다. 의식은 순환이 잘 안 되는 상황에 빠질 수 있습니다. 혈액순환이 나쁘면, 내장이 제대로 기능하지 못하고 병에 걸립니다. 정신(psyche)이 잘 순환되지 않으면 마음에 병이 생깁니다. 마음챙김은 통증의 응어리 전체를 통해 순환을 자극하고 촉진하는 에너지입니다.

거실 점유하기

우리의 고통, 슬픔, 분노, 절망의 응어리가 커지면 우리의 관심이 필요해서 항상 우리의 심의식, 즉 거실로 올라오기를 원합니다. 그들은 떠오르고 싶어 하지만 우리는 그것들이 떠오르기를 원치 않습니다. 그것들은 보기에 고통스럽기 때문입니다. 우리는 그것들이 올라오는 길을 차단하려 합니다. 우리는 그들이 지하실에서 잠자고 있기를 원합니다. 마주하고 싶지 않기 때문에 습관적으로 거실을 다른 손님으로 채웁니다. 그런데 우리에게 10~15분의 자유 시간이 생겨서 무엇을 해야 할지 모를 때마다, 이러한 내적 매듭이 떠올라 거실을 엉망으로 만들 것입니다. 이것을 피하려고 우리는 책을 집어 들거나 텔레비전을 켜거나, 드라이브를 하거나, 뭐든지 해서 거실을 가득 채우려고 합니다. 거실이 다 채워지면 이러한 불쾌한 마음 작용은 나타나지 않습니다.

모든 마음 작용은 순환해야 할 필요가 있지만, 우리는 고통을 느끼고 싶지 않아서 마음 작용이 떠오르는 것을 원치 않습니다. 우리는 그것들이 갇혀 있기를 원합니다. 그것들이 떠오르도록 내버려 두면 우리가 많이 괴로워질 것이라고 믿어서, 그 마음 작용을 매우 두려워합니다. 그래서 우리의 일상적인 습관은 이러한 부정적인 마음 작용이 표면으로 떠오르지 않도록 TV, 책, 잡지 및 대화와 같은 손님으로 거실을 가득 채우는 것입니다. 그런데 우리가 계속해서 이런 일을 하다 보면 정신에 혈액순환이 잘 안 되고 정신 질환과 우울증 증상이 나타나기 시작합니다. 증상은 우리의 심신 모두에 나타날 수 있습니다.

두통이 생기면 아스피린을 복용하지만, 두통이 사라지지 않을 때가 있습니다. 이러한 종류의 두통은 정신 질환의 증상일 수 있습니다. 때때로 알레르기가 생기기도 합니다. 우리는 그것이 육체적인 문제라고 생각하지만, 그것은 정신 질환의 증상일 수도 있습니다. 약을 먹으라는 의사의 조언에 따라, 우리는 계속해서 우리의 마음 작용을 억제하면서 질병을 악화시킵니다.

불청객을 편안하게 모시는 법

당신이 금지 조치를 해제해서 고통의 응어리가 올라오면 좀 고통스러워집니다. 피할 방법은 없습니다. 그래서 부처님은 이 고통을 안아주는 법을 배워야 한다고 말씀하셨습니다. 마음챙김 수행이 중요한 것은 바로 이 때문입니다. 당신은 이러한 부정적인 에너지를 인지하고, 안아주고, 돌볼 수 있도록 강력한 에너지원을 생성합니다. 그리고 부처님이 마음챙김 에너지로서 당신 안에 있기 때문에, 당신은 부처님을 초대해서 당신 마음속의 매듭을 당신이 안도록 도와주게 합니다. 그것들이 나오고 싶어 하지 않으면, 나오게끔 살살 달래봅니다. 그 매듭은 한동안 안긴 다음 지하로 돌아가 다시 씨앗이 됩니다.

예를 들어, 부처님은 우리 모두에게 두려움의 씨앗이 있지만 대부분은 그것을 억누르고 어둠 속에 가두어 둔다고 말씀하십니다. 두려움의 씨앗을 확인하고 안아주며 깊이 들여다볼 수 있도록, 그는 "다섯 개의 확인"의 수행을* 제안했습니다.

• 나는 나이가 드는 성질을 가진 자입니다. 노화를 피할 수

---

* '다섯 개의 확인'은 'Five Remembrances'의 역어다. 이 구절은 Thich Nhat Hanh, The Path of Emancipation(Parallax Press, 2000), p.110에도 나오며, 틱낫한의 일본인 전문 번역가 시마다 게이스케(島田啓介)는 『リトリート : ブッダの瞑想の実践』(東京, 野草社, 2014) p.174에서 '확인'으로 옮기고 있어서 이를 따랐다. remember의 의미를 살린다고 보아서다. 명진출판사의 『화』(2001, 2002)는 '다섯 가지 사실'로 옮기고 있다. p.176 참조.(역주)

없습니다.

- 나는 병이 생기는 성질을 가진 자입니다. 병을 피할 수 없습니다.
- 나는 죽어가는 성질을 가진 자입니다. 나는 죽음을 피할 수 없습니다.
- 나에게 소중한 모든 것, 내가 사랑하는 모든 사람은 변하는 성질이 있습니다. 그들과 헤어지는 것을 피할 길이 없습니다. 나는 아무것도 지킬 수 없습니다. 공수래공수거입니다.
- 나의 행동만이 나의 진정한 소유물입니다. 나는 내 행위의 결과를 피할 수 없습니다. 내 행위는 내가 서 있는 토대입니다.

매일 우리는 이처럼 수행해야 하며, 호흡을 의식하면서 각 항목에 대해 잠시 시간을 내어 묵상默想해야 합니다. 우리가 '다섯 개의 확인'을 수행하면, 두려움의 씨앗은 순환됩니다. 우리는 그 씨앗을 불러내서 인지하고, 안아줘야 합니다. 그런 다음 그것이 지하로 내려가면 작아집니다.

우리가 두려움의 씨앗을 이렇게 불러올릴 때, 우리는 화를 더 잘 돌볼 수 있게 될 것입니다. 두려움은 화에 생명을 줍니다. 두려움이 있는 곳에는 평화가 없으므로, 두려움은 화가 자랄 수 있는 토양이 됩니다. 두려움은 무지에서 비롯되며, 이처럼 이해가 부족한 것도 화의 주요 원인이 됩니다.

　부정적인 마음 작용에 마음챙김 목욕을 시켜줄 때마다 고통의 응어리가 가벼워지고 덜 위험해집니다. 그러므로 당신의 분노, 절망, 두려움에 매일 마음챙김 목욕을 시켜주세요. 그것이 당신의 수행입니다. 마음챙김이 없을 때 이러한 씨앗이 올라오면 매우 불쾌해집니다. 그러나 당신이 마음챙김의 에너지를 공급하는 방법을 알고 있다면 매일 그들을 불러올려서 안아주는 것은 큰 힐링입니다. 그리고 며칠 또는 몇 주 동안 매일 그것들을 불러올리고 다시 지하로 돌려보내다 보면, 당신은 긍정적인 마음의 흐름을 만들고, 정신 질환의 증상이 사라지기 시작할 것입니다.

　마음챙김은 부정적인 마음 작용, 곧 고통의 응어리들을 어루만져 줍니다. 마음 작용들이 순환하도록 해야 하며, 이를 위해서는 그것들을 두려워하지 않아야 합니다. 고통의 매듭을 두려워하지 않는 법을 배운다면, 마음챙김의 에너지로 고통의 매듭을 안아주고 바꾸는 방법을 배울 수 있습니다.

10장 마음챙김 호흡

화를 돌보기 위해 호흡하라

화, 질투, 절망의 에너지가 우리 안에 생길 때 어떻게 대처할지 알아야 합니다. 그렇지 않으면 우리는 그것에 압도되어 엄청난 고통을 받게 될 것입니다. 마음챙김의 호흡은 감정을 돌보는 데 도움이 되는 수행입니다.

먼저 감정을 잘 돌보자면 몸을 잘 돌보는 법을 배워야 합니다. 들숨과 날숨을 알아차리면 우리는 우리 몸도 알아차리게 됩니다. "숨을 들이쉬면서 내 전신을 알아차리고, 숨을 내쉬면서 내 전신을 알아차립니다." 당신의 몸으로 돌아가십시오. 그 몸을 마음챙김 호흡의 실천이 만들어 낸 마음챙김의 에너지로 안으세요.

우리는 일상에서 바쁘게 많은 일들을 처리하느라, 우리 몸이 우리에게 얼마나 중요한지 잊습니다. 우리 몸은 고통을 받거나 아플 수 있습니다. 그러므로 우리는 우리의 몸으로 돌아가는 방법을 알아서 마음챙김으로써 그것을 부드럽게 안아주어야 합니다. 어머니가 아기를 품에 부드럽게 안듯이 우리도 똑같은 일을 하고 있습니다. 우리는 우리 몸으로 돌아가서 마음챙김의 에너지로 부드럽게 몸을 안습니다. 전신을 껴안은 후에는 눈, 코, 폐, 심장, 위, 신장 등 신체의 각 부분을 하나씩 안기 시작합니다.

화를 안아주고 치유하기 위한 깊은 이완

이것을 수행하기 위한 가장 좋은 자세는 눕는 것입니다. 심장과 같은 신체 부위에 주의를 집중합니다. 숨을 들이마시면서 심장을 알아차리고 숨을 내쉬면서 심장을 향해 미소를 보냅니다. 당신은 당신의 사랑, 당신의 부드러움을 보냅니다.

마음챙김의 에너지는 우리 몸의 모든 부분을 매우 명확하게 보여줄 수 있는 광선과 같습니다. 현대식 병원에는 우리 몸의 각 부위를 잘 보기 위한 스캐너가 있습니다. 그러나 스캐너의 광선은 X선 광선이지, 마음챙김이 주는 사랑의 광선이 아닙니다.

우리는 마음챙김의 광선으로 우리 몸을 스캔하는 이러한 수행을 '깊은 이완'이라고 부릅니다.(부록 D의 '깊은 이완'에 대한 텍

스트 참조) 마음챙김 호흡에 대한 또 다른 지침은 "숨을 들이쉬면서 나는 전신을 진정시키고, 숨을 내쉬면서 전신을 진정시킨다"입니다. 당신의 몸은 동요하고 긴장할 수 있으며, 마음챙김의 에너지로 포옹하면 그것이 이완되고 다시 평온해지는 데 도움이 될 수 있습니다. 몸이 평온하게 작동할 때 몸은 치유되기 시작합니다. 이것은 마음을 이완하고 치유하는 데 도움이 됩니다.

이 가르침에 따르면, 우리의 호흡은 우리 몸의 일부입니다. 우리가 무언가를 두려워하거나 화가 났을 때, 우리의 호흡은 얕고 호흡의 질도 매우 저급합니다. 우리의 호흡은 짧고 거칠고 전혀 편안하지 않습니다. 그러나 마음챙김을 하면서 호흡을 시작하고 호흡을 진정시키는 방법을 알면, 단 몇 분 안에 호흡이 개선될 것입니다. 당신의 호흡은 더 가볍고, 더 조용하고, 더 조화롭게 될 것입니다. 그리고 마음이 진정되기 시작할 것입니다.

호흡은 명상과 마찬가지로 하나의 예술입니다. 들숨과 날숨을 아주 예술적으로 다루어야 몸과 마음이 조화를 이룰 수 있습니다. 당신이 호흡을 폭력적으로 지배하면 몸이나 의식에 조화와 평온을 만들 수 없습니다. 호흡이 차분해지고 깊어지면, 이같이 호흡을 계속하면서 신체의 다른 부분을 안아줄 수 있습니다.

누워 있으면서 마음챙김의 호흡을 수행하고 마음챙김의 에너지를 생성하십시오. 머리 꼭대기에서 발바닥에 닿을 때까지 마음챙김이라는 사랑의 광선으로 몸을 스캔하십시오. 30분이 소요될 수 있습니다. 이것은 당신의 몸에 대해 당신의 걱정, 사랑, 주의를 보여주는 가장 좋은 방법입니다.

이것을 적어도 하루에 한 번 할 수 있어야 합니다. 당신은 일정을 조정해서 매일, 어쩌면 잠들기 전에 온 가족이 편안하게 마루에 누워 20~30분 동안 완전한 이완을 연습할 수 있겠지요. 텔레비전을 끄고, 가족 모두가 와서 참여하도록 초대하십시오. 처음에는 테이프를 사용하여 온 가족이 완전한 이완을 실천하도록 안내할 수 있습니다. 나중에, 당신 중 한 명이 수행을 이끌면서, 각자가 마음을 진정하고 몸을 돌볼 수 있도록 도울 수 있습니다.

폭풍우를 뚫고 나갈 수 있습니다

강한 감정을 돌보는 간단한 방법이 몇 가지 있습니다. 하나는 "복식 호흡", 곧 복부에서 호흡하는 방법입니다. 두려움이나 화와 같은 강한 감정에 사로잡힐 때, 우리의 주의를 복부로 돌리는 수행을 해봅니다. 지성의 수준에 머무는 것은 위험합니다. 강한 감정은 폭풍과 같고, 폭풍의 한가운데에 서 있는 것은 매우 위험합니다. 그런데 많은 사람이 이런 식으로 마음에 머무르고, 감정은 우리를 압도하게 됩니다. 대신 우리는 주의를 아래로 끌어내려 뿌리를 내리도록 해야 합니다. 우리는 복부에 집중하고 마음챙김의 호흡을 수행하며, 복부의 오름과 내림에만 모든 주의를 기울입니다. 우리는 앉거나 누워서 이것을 할 수 있습니다.

폭풍우 속에서 나무를 보면 나무 꼭대기가 매우 불안정하고 약하다는 것을 알 수 있습니다. 바람은 언제든지 작은 가지를 부러뜨릴 수 있습니다. 그러나 나무둥치를 내려다보면 다른 느낌이 들 것입니다. 당신은 그 나무가 매우 튼튼하고 안정되어 있음을 보고 폭풍을 견딜 수 있다는 것을 압니다. 우리도 나무와 같습니다. 우리 머리는 강한 감정의 폭풍 속에서는 나무 끝과 같아서 우리의 주의를 배꼽까지 끌어내려야 합니다. 우리는 마음챙김의 호흡을 수행하기 시작합니다. 우리는 호흡과 복부의 오름과 내림에만 집중합니다. 그것은 아주 강한 감정이라고 해도 잠시 머물다가 사라지는 것, 영원히 지속될 수 없다는 것을 알게 하는 데 도움이 되므로 아주 중요한 수행입니다. 어려운 때에 이렇게 수행하는 것을 수련하면 이런 폭풍우를 이겨낼 수 있습니다.

감정은 감정일 뿐이라는 사실을 알아야 합니다. 와서 얼마간 머물다 사라집니다. 감정 때문에 왜 사람이 죽어야 합니까?

당신은 감정 이상의 존재입니다. 이 사실을 기억하는 것이 중요합니다. 위기 상황에서 들숨과 날숨을 계속 수행하면 감정이 사라질 것이라는 자각을 유지하십시오. 몇 번 성공하면 자신과 수행에 대해 자신감을 갖게 될 것입니다. 생각과 감정에 사로잡히지 맙시다. 배꼽이 있는 아래쪽으로 주의를 기울이고 숨을 들이쉬고 내쉬도록 합시다. 이 폭풍은 사라질 것이니 두려워하지 마세요.

마음 작용을 알아차리고 안아주기

우리는 몸을 진정시키기 위해 마음챙김으로 몸을 안습니다. 우리는 부정적인 마음 작용에 대해서도 동일하게 할 수 있습니다. "숨을 들이쉬면서 내 마음 작용을 알아차립니다. 숨을 내쉬면서 내 마음 작용을 알아차립니다." 불교 심리학에는 51가지 마음 작용(심소心所)이 있습니다. 화, 갈애, 질투와 같은 부정적인 마음 작용도 있고, 마음챙김과 평정과 같은 긍정적인 마음 작용도 있습니다.*

---

* 마음 작용(mental formations)이 51개 있다고 하니 유식불교의 심소心所를 가리키지만, 여기서는 마음 작용으로 옮긴다. 대승불교의 유식유가행파에 따르면, 탐貪·진瞋·치癡·만慢·의疑·악견惡見의 6가지 마음 작용은 번뇌심소이다. 앞에서 삼요자나라고 불렀던 화는 '번뇌심소'의 진

기쁨이나 자비심과 같은 긍정적인 마음 작용을 경험할 때 우리는 우리 안에 있는 기쁨과 자비심을 알아차리기 위해 숨을 들이쉬고 내쉬어야 합니다. 이처럼 마음챙김의 호흡으로써 기쁨과 자비심을 안아주면 그것들은 열 배, 스무 배로 증가합니다. 마음챙김의 호흡은 우리가 긍정적인 마음 작용을 더 오래 유지하고 더 깊이 경험하는 데 도움이 됩니다. 그러므로 기쁨, 행복, 자비심과 같은 긍정적인 마음 작용이 일어나면, 이것을 안아주는 것이 매우 중요합니다. 왜냐하면 그것들은 우리가 성장하는 데 도움이 되는 일종의 자양분이기 때문입니다. 명상과 마음챙김에서 일어나는 기쁨은 우리를 양육하고 지탱하기 때문에 우리는 이를 "일용할 양식으로서의 명상의 기쁨"이라고 말합니다.

이처럼 화나 질투와 같이 부정적인 마음 작용이 일어날 때, 우리는 우리 자신으로 돌아가서 그 마음 작용을 부드럽게 안아주고 마음챙김의 호흡으로 진정시켜야 합니다. 마치 어머니가 열이 나는 아이를 달래듯 말입니다. "숨을 들이쉬면서 내

瞋으로 보아야 할 것이다. 신(信, sraddhā)·정진(精進, vīrya)·참(慚, hrī)·괴(愧, apatrāpya)·무탐(無貪, alobha)·무진(無瞋, adveṣa, apratigha)·무치(無癡, amoha)·경안(輕安, praśrabdhi)·불방일(不放逸, apramāda)·행사(行捨, upekṣa)·불해(不害, ahiṃsā)의 11가지 마음 작용이 선심소를 구성한다.(역주)

마음 작용을 진정시킵니다. 숨을 내쉬면서 내 마음 작용을 진
정시킵니다."

화의 씨앗, 자비의 씨앗

우리는 종종 의식을 흙에 비유합니다. 모든 마음 작용의 씨앗
은 잠재의식(store consciousness, 장식藏識) 속에 파묻혀 있습니
다. 이 마음 작용들은 우리의 심의식(心意識, mind consciousness,
현재顯在의식) 안에 생겨나, 얼마 동안 머물다 씨앗의 형태로 잠
재의식으로 돌아갑니다.

우리의 자비도 씨앗의 형태로 잠재의식 안에 있습니다. 우리
가 씨앗에 접하거나 물을 줄 때마다, 그것은 우리 의식의 상위
의식, 즉 심의식에 발아해서 나타납니다. 기쁨이나 자비의 씨
앗과 같은 긍정적인 씨앗이 물을 받아서 나타나면 우리는 행
복을 느낍니다. 그러나 질투의 씨앗처럼 부정적인 씨앗이 물
을 받아서 나타나면 우리는 불행을 느낍니다. 우리의 기쁨이
나 화가 땅에 묻히고 누구도 건들지 않으면 우리는 그것을 씨
앗이라고 부릅니다. 그러나 그것이 심의식에 나타나면 우리는
그것을 마음 작용이라고 부릅니다. 우리는 화를 두 가지 형태
로 다 인정해야 합니다. 하나는 잠재의식 속의 씨앗이고 다른
하나는 마음 작용, 즉 심의식에 떠오른 에너지가 활성화된 지

대입니다. 화가 나타나지 않을 때에도 화는 여전히 존재한다는 것을 우리는 깨달아야 합니다.

우리는 누구나 자신의 의식 깊은 곳에 화의 씨앗을 가지고 있습니다. 그 씨앗이 발아하지 않으면 당신은 화를 전혀 느끼지 않습니다. 당신은 누구에게도 화를 내지 않습니다. 당신은 기분이 좋고, 상쾌하고, 사랑스러워 보입니다. 당신은 미소 짓고, 웃고, 말합니다. 그러나 이것이 화가 당신 안에 없음을 의미하지 않습니다. 화는 당신의 심의식에 나타나지는 않았지만, 당신의 잠재의식 안에는 늘 있습니다. 누군가가 당신 안에 있는 화의 씨앗을 건드리는 행동이나 말을 하게 되면, 화는 재빨리 거실로 올라옵니다.

선한 수행자라고 해서 화나 고통이 완전히 없어진 사람이 아닙니다. 그건 불가능합니다. 그는 화와 고통이 생기자마자 이것들을 잘 돌보는 방법을 아는 사람입니다. 수행하지 않는 사람은 화의 에너지가 나타날 때 그것을 다루는 방법을 모르고 쉽게 화에 압도될 수 있습니다.

그러나 마음챙김 생활을 실천하면, 당신은 화가 당신을 압도하지 못하게 합니다. 당신은 마음챙김의 씨앗을 초대해서 당신의 화를 돌보게 됩니다. 마음챙김 호흡과 걷기는 여기에 도움이 됩니다.

습관 에너지와 마음챙김의 호흡

우리는 모두 자기 안에 습관 에너지를 가지고 있습니다. 우리는 습관 에너지를 기반으로 해서 언동을 하게 되면 인간관계를 손상시킨다는 사실을 알 정도로 충분히 지성적입니다. 그러나 이러한 지성이 있음에도 불구하고 우리는 여전히 홧김에 행동하고, 홧김에 말합니다. 따라서 많은 사람이 타인과의 관계에서 큰 고통을 초래했습니다. 피해가 발생한 이후 후회로 가득 차 그런 일을 두 번 다시 하지 않겠다고 맹세합니다. 당신은 매우 진지하고, 깊은 선의를 가지고 있습니다. 하지만 다음에 같은 상황이 나타나면 똑같은 행동을 하고 똑같은 말을 하고 똑같은 피해를 반복해서 일으킵니다.

당신의 지성과 지식은 습관 에너지를 바꾸는 데 별 도움이 되지 않습니다. 알아차리고, 안아주고, 바꾸는 수행만이 도움이 됩니다. 그래서 부처님은 습관 에너지가 나타나는 즉시 마음챙김의 호흡을 수행해서 습관 에너지를 알아차리고 돌보라고 조언했습니다. 습관 에너지를 마음챙김의 에너지로 포용할 수 있다면 당신은 안전해지고, 같은 실수를 다시 범하지 않을 것입니다.

플럼빌리지에 와서 우리와 함께 3주 동안 아주 즐겁게 수행한 젊은 미국인 친구가 있었습니다. 그는 머무는 동안 매우 안정적이고 자비롭고 이해심이 깊었습니다. 어느 날, 그는 승려들로부터 공동체를 위해 추수감사절을 준비하러 가까운 곳으로 쇼핑을 가달라는 부탁을 받았습니다. 쇼핑하는 동안, 그는 갑자기 자신이 서두르고 있으며, 플럼빌리지로 돌아갈 수 있도록 모든 것을 빨리 끝내기를 원한다는 사실을 깨달았습니다.

3주 만에 처음으로 그는 서두르는 느낌, 모든 일을 서둘러 끝내버리려는 느낌이 생긴 것입니다. 플럼빌리지에서 그는 단단하게 수행하는 형제들로 둘러싸여 있었습니다. 그는 그들의 에너지에서 도움을 받았으므로, 서두르며 조급해지는 습관 에너지는 결코 나타날 기회가 없었습니다. 시내에서 쇼핑하던 그는 혼자였습니다. 그를 지원해 주던 그런 에너지가 없었기 때문에, 그의 습관 에너지의 씨앗이 즉시 발아했던 것입니다.

그는 재빨리 이 습관 에너지를 인지해낼 수 있었고, 그의 어머니로부터 전해 받았다는 것을 깨달을 수 있었습니다. 그의 어머니는 늘 서둘렀고, 모든 것을 빨리, 빨리, 빨리 끝내기를 원했습니다. 이 통찰을 가지고 그는 마음챙김 호흡 수행으로 돌아가 "안녕 엄마, 당신이 거기 있다는 것을 알아요"라고 말했습니다. 이렇게 하니까, 마음이 조급해지는 에너지는 그냥 사라졌습니다. 그는 자신의 습관 에너지를 알아차리고 마음챙김으로써 안아줄 수 있었고 그것을 바꿀 수 있었습니다. 그는 공동체를 떠나기 전에 그가 경험했던 평화와 단단함을 되찾았습니다. 그는 플럼빌리지에서의 수행 덕분에 이렇게 할 수 있다는 것을 알았습니다.

우리는 누구나 이렇게 할 수 있습니다. 습관 에너지가 상승할 때마다 그것을 알아차리고 호명하기만 하면 됩니다. 우리는 마음챙김으로써 호흡하면서 이렇게 말합니다. "안녕, 내 질투야; 안녕, 내 두려움; 안녕, 나의 짜증과 분노. 나는 네가 거기 있다는 것을 알아. 너를 위해 내가 여기 있지. 내가 마음챙김으로써 너를 잘 보살피고 감싸 안아줄게"라고 말합니다. 숨을 들이쉬면서 우리는 습관 에너지에게 인사하고, 숨을 내쉬면서 그것을 향해 미소 짓습니다. 이렇게 하면 습관 에너지가 더 이상 우리를 지배할 수 없습니다. 우리는 안전합니다. 우리는 자기 자신을 해방했습니다.

11장 정토의 회복

행복을 최우선으로

우리는 때때로 결정을 해야 하며, 결정이 매우 어려울 때가 있습니다. 우리는 고통스러운 선택을 강요받습니다. 그러나 우리에게 무엇이 가장 중요하고, 우리가 인생에서 무엇을 가장 간절히 원하는지를 안다면, 결정은 쉬워지고 크게 고통스러워하지 않아도 됩니다.

예를 들어, 어떤 사람이 스님이 되고 싶을 때, 그건 쉬운 결정이 아닙니다. 스님이 되고자 하는 열망이 100%가 아니라면 스님이 되지 마십시오. 100%를 넘어야 합니다. 자신이 다른 무엇보다도 수행 생활을 원한다고 느낄 때, 다른 것들은 덜 중요해지고 결정은 훨씬 쉬워집니다.

저는 베트남 불교사에 대해 세 권의 책을 썼습니다. 세 권 모두 독자들로부터 호평을 받았습니다. 네 번째 책도 한 권 더 써야 합니다. 1964년부터 현재까지의 베트남 불교사인데 이는 매우 중요합니다. 이 책을 쓰는 것은 매우 신나고 흥미로운 프로젝트입니다. 저는 이 기간을 살아왔고 직접적인 경험이 있습니다. 제가 쓰지 않으면 시간이나 직접 경험이 있는 사람이 아무도 없을 겁니다. 그리고 제가 집필하지 않는다면 이는 역사에 과오를 범하게 되는 것입니다. 이 책을 집필하면 사람들이 불교의 발전과 수행에 대해 더 많이 배우는 데 도움이 될 것입니다.

제 안에는 역사학자의 일면이 있습니다. 그리고 저는 다음과 같은 역할, 즉 다른 사람들에게 새로운 것을 보여주고, 젊은 세대에게 가야 할 방향을 제시하는 역할을 담당할 때 큰 기쁨을 느낍니다. 그들은 과거 세대의 실수와 성공에서 많은 것을 배울 수 있습니다. 그래서 네 번째 권을 쓰고 싶은 욕구가 아주 강합니다. 하지만 좀처럼 착수하지 못하고 있는 것은, 제 옆에, 제 앞에, 제 주변에 있는 사람들의 고통을 덜어주는 일처럼 더 급한 일이 많아서입니다. 저는 이 책이 매우 중요하다는 것을 알고 있지만 학자, 역사가로 살아갈 여유가 없습니다. 저는 책을 쓰는 데 필요한 모든 자료를 가지고 있으니 그것을 완성하는 데 1년이 필요할 것입니다. 그 1년 동안에는 수련회도 없고, 법문도 없고, 상담 등도 없게 되는 것을 의미합니다.

우리는 누구나 일상에서 해야 할 일이 많습니다. 자신에게 가장 중요한 것이 무엇인지 결정해야 합니다. 대학 학위를 취득하는 데 6년 또는 8년이 걸릴 수 있으며, 이는 상당히 긴 시간입니다. 당신은 대학 학위가 행복에 중요하다고 생각할 수 있습니다. 물론 그럴 수도 있지만, 당신의 안녕과 행복에 더 중요한 다른 요소가 있을 수도 있습니다. 아버지와의 관계, 어머니와의 관계, 파트너와의 관계를 개선하기 위해 노력할 수 있다는 것입니다. 이를 위한 시간이 있습니까? 당신은 이 일을 하기 위해 충분한 시간을 할애할 수 있습니까? 사랑하는 사람과의 관계를 개선하는 것은 매우 중요합니다. 당신은 졸업장을 위해 6년을 기꺼이 쓰려고 합니다. 당신은 인간관계를 잘하기 위해 그 정도의 시간을 할애할 지혜가 있습니까? 분노를 다스리기 위해서는? 이 시간은 소통을 회복하는 데 필요한 행복과 안정을, 당신과 상대에게 가져다줄 것입니다.

자신의 책을 쓰다

최근 미국에서 대학 교수 한 분이 플럼빌리지에 왔습니다. 그는 토마스 머튼과 저에 관한 책을 몹시 쓰고 싶어 했습니다. 책에 대해 저와 이야기를 나누고 싶다고 해서, 바로 말했습니다. "왜 자신에 관해 책을 쓰지 않습니까? 왜 자신과 주변 사람들을 행복하게 만드는 일에 자신의 전심전력을 다하지 않나요?

그것은 머튼과 저에 관한 책을 쓰는 것보다 더 중요합니다. 머튼에 대해서는 이미 많은 책이 쓰였습니다." 그는 선의와 사랑을 가득 담아서, "아직 아무도 당신에 관해 책을 쓰지 않았으니까요"라고 말했고, 저는 대답했습니다. "저는 저에 관한 책에는 별로 관심이 없지만 당신이 당신 자신에 관한 책을 쓰는 데는 관심이 큽니다. 당신 자신을 다르마와 수행의 도구로 바꿔서 자유인, 행복한 사람이 될 수 있도록 마음을 다해 책을 쓰세요. 그러면 당신은 주변의 많은 사람도 행복하게 할 수 있습니다."

나에게 가장 중요한 것은 제자들과 좋은 인간관계를 형성하는 것입니다. 나는 사람들이 수행해서 변화할 수 있도록 해주어야 합니다. 이것은 매우 보람 있고 스스로에게 자양분을 주는 일입니다. 수행자가 자신의 괴로움을 변화시킬 수 있고 다른 사람과 좋은 관계를 구축할 수 있을 때마다 크게 승리한 것과 마찬가집니다. 그 사람 자신을 위한 승리일 뿐만 아니라 공동체 전체와 수행 자체의 승리입니다. 이것은 우리 모두에게 큰 자양분이 됩니다. 우리는 모녀의 화해를 도운 플럼빌리지의 젊은 비구니 스님 이야기를 알고 있습니다. 그것은 진정한 승리였습니다. 그것은 수행에 대한 그녀의 믿음과 우리의 믿음을 모두 강화했습니다.

당신이 한 여성과 어려움을 겪고 있고, 그녀가 당신을 힘들게 할 뿐이라고 생각하고, 그녀를 돕기 위해 아무것도 할 수 없다고 생각한다면, 당신은 가르침을 수행하지 않는 것입니다. 그녀와 대화가 불가능해 보인다면, 그것은 당신의 수행이 부족해서입니다. 그 사람과 대화를 할 수 있을 거예요. 많은 사람이 "상대가 협조도 안 하고 말도 안 들으면 어떻게 하나요?" 하고 물어봅니다. 상대가 지금 당장 당신의 말을 듣고 싶어 하지도, 말하고 싶어 하지도 않고, 지금 당장 당신과 함께 해결하고 싶어 하지 않는다고 해봅시다. 그래도 당신은 화해할 수 있을 때까지 계속 수행하고 자신을 바꾸세요.

자신에 관한 책을 쓴다는 것은, 당신의 고통의 뿌리를 인지하고 그 뿌리를 바꾸는 방법을 찾기 위해 깊이 관찰하는 하나의 방식입니다. 그것은 당신이 자유롭고 행복한 사람이 되는 데 도움이 될 것이며, 주변 사람들을 행복하게 만들 수도 있습니다.

자비의 꿀

당신은 화해하기 위해 상대에게 다가가기 전에 자비의 꿀로 자신에게 자양분을 공급해야 합니다. 자비는 상대도 고통을 받고 있음을 이해하는 데서 생깁니다. 우리는 이것을 쉽게 잊어버립니다. 우리는 우리 자신의 고통만 보고 과장하면서 이렇게 생각합니다. '나만큼 고통받는 사람은 없어. 이런 고통을 겪는 사람은 나뿐이야.' 그러나 당신을 지원하는 수행 공동체가 있다면, 당신은 더 깊이 들여다볼 수 있게 되어서 상대도 아주 괴로워하고 있다는 걸 알게 됩니다.

그 상대는 아마도 충분히 지지받지 못해서 수행의 길에서 앞으로 나아가지 못했고, 당신도 그를 돕지 않았던 것 같습니다. 당신은 스스로를 도울 수조차 없군요. 그러나 부처님의 가르침도, 공동체도 바로 이것을 위한 것, 즉 자비의 꿀로 우리 자신에게 자양분을 공급하기 위한 것입니다. 우리는 부처님의 법과 승가에 도움을 청해야 합니다. 그 법은 지금 여기에서 유효합니다.

개념의 감옥을 떠나다

수행할 때 기계처럼 하지 말고 지성을 가지고 수행하면서 걸음마다, 호흡마다 기분이 좋아지게 해야 할 것입니다. 마음챙김을 하면서 하는 식사 한 끼, 차 한 잔은 기분을 좋게 만들 수 있습니다. 당신의 안과 주변에 있는 생명의 경이로움에 접하십시오. 당신 주변에 있는 아름답고 치유적인 요소가 당신 속에 들어오게 해서 자신에게 양식을 공급하십시오. 이것이 가장 중요한 일입니다.

아이디어는 영양가가 없습니다. 사실, 아이디어와 개념은 종종 장애물이 됩니다. 그것들은 감옥이 될 수 있습니다. 우리는 이러한 아이디어와 개념을 뒤로 제쳐두고, 경이로움으로 가득한 생명에 접촉해야 합니다. 행복할 수 있고 사랑할 수 있는 동료 수행자에게서 배우십시오. 그런 사람들이 있습니다. 그들은 공동체의 다른 구성원과 문제가 없습니다. 모두를 받아들일 수 있기 때문입니다. 그들은 만족하고 있습니다. 우리도 그들처럼 행복할 수 있는 능력을 길러야 합니다. 같은 환경에 살면서 우리는 같은 행복 조건을 공유합니다. 다른 사람들이 행복할 수 있는데 왜 우리는 행복하지 못할까요? 어떤 종류의 장애물이 우리의 행복을 가로막고 있습니까?

중요한 편지

사랑의 말과 깊은 경청, 이 두 가지에 대해 수련을 받았다면 상대와 직접 대화하여 갈등을 해결할 수 있습니다. 그러나 당신이 말하는 동안에도 신선하고 사랑과 차분한 마음을 유지할 만큼 당신의 평화, 단단함, 자비가 확실한지에 대해 확신이 없으면, 편지 쓰기를 수행하는 것이 좋습니다. 편지를 쓰는 것은 매우 중요한 수행입니다. 아무리 의도가 좋아도, 수행이 단단하지 않으면 당신이 말할 때 짜증이 날 수도 있고, 미숙하게 반응할 수도 있습니다. 이것이 당신의 기회를 망칠 수 있습니다. 그래서 편지를 쓰는 것이 더 안전하고 더 쉬운 때도 있습니다.

편지에서는 당신이 정말로 솔직해질 수 있습니다. 상대가 한 일이 당신을 힘들게 했고, 상처를 주었다고 말하세요. 내부에서 느끼는 모든 것을 쓰세요. 글을 쓰면서, 차분해야 하고 평화와 자애의 말을 사용하는 것이 수행입니다. 대화를 재개하십시오. "사랑하는 친구야, 나는 잘못된 인식의 희생자인지도 모르겠네. 내가 여기에 쓰는 것은 진실이 아닐 수도 있어. 그러나 현 상황을 이렇게 경험하고 있어. 이것이 내가 진심으로 느끼는 것이야. 내가 쓴 글에 틀린 부분이 있으면, 우리 함께 앉아서 살펴보고 오해를 풀어"라고 말할 수 있습니다.

우리의 전통에서는 남녀 승려가 모여서, 조언을 요청한 사람에게 조언할 때 항상 이런 종류의 언어를 사용합니다. 그들은 공동체의 통찰을 사용합니다. 이것은 공동체의 관점이 완벽하다는 것을 의미하지는 않지만, 그 관점은 공동체가 우리에게 제공할 수 있는 최선의 통찰입니다. 따라서 형제자매들은 응답에서 다음과 같이 인정합니다. "우리가 이렇게 조언하지만, 우리가 이해하지 못한 것이 있을 수 있습니다. 우리가 모르는 긍정적인 부분이 당신에게 있을 거예요. 그리고 공동체도 잘못 생각할 수 있습니다." 따라서 상대에게 편지를 쓸 때도 똑같이 "내 생각이 틀렸으면 나를 고쳐주세요"라고 하세요. 글을 쓸 때 사랑의 말을 사용하세요. 문장 하나가 충분히 잘 쓰여지지 않았다고 생각하면, 언제든지 처음부터 더 친절한 문장으로 새로 고쳐 쓰세요.

편지에서 우리가 상대의 고통을 볼 수 있는 능력이 있음을 보여야 합니다. "친구여, 당신이 고통을 받았음을 알아. 나는 당신이 그 고통에 대해 혼자만 책임져야 한다고는 생각하지 않아." 당신은 깊이 관찰하는 수행을 했기 때문에 상대의 괴로움에 여러 가지 다른 뿌리와 원인이 있음을 발견할 수 있습니다. 당신은 그에게 이 모든 것을 말할 수 있습니다. 당신의 고통도 그에게 말할 수 있고, 당신이 그가 한 언동의 이유도 이해하고 있음을 전해주세요.

이것은 매우 중요한 편지여서, 쓰는 데 1주, 2주, 심지어 3주가 걸릴 수도 있습니다. 베트남 불교사 4권보다 더 중요합니다. 틱낫한과 토마스 머튼에 관한 책보다 더 중요합니다. 그 편지는 당신의 행복에 아주 중요합니다. 편지 쓰는 시간은 박사학위 논문을 쓰는 데 드는 1~2년보다 훨씬 더 중요합니다. 논문은 이 편지만큼 중요하지 않습니다. 이렇게 편지를 쓰는 것은 돌파구를 마련하고 소통을 회복하기 위해 당신이 할 수 있는 최선의 방법입니다.

이 과정에서 당신은 혼자가 아닙니다. 편지를 쓰는 데 실마리를 주고 당신을 도울 수 있는 형제자매가 있습니다. 당신에게 필요한 사람들은 바로 당신의 공동체 안에 함께 있습니다. 우리는 책을 쓸 때 초안을 친구나 전문가에게 보내서 조언을 구합니다. 동료 수행자들은 모두 깊은 경청, 깊은 관찰, 사랑의 말을 실천하는 전문가입니다.

당신은 당신이 사랑하는 사람에게 최고의 의사이며 최고의 치료사입니다. 그러므로 그 편지를 자매에게 보여주고 그 언어가 충분히 친절하고, 차분하며, 깊이 통찰하고 있는지 물어보세요. 어느 형제나 자매에게 그것을 보여주고 난 후라도, 당신의 편지가 상대에게 변화를 가져오고 그를 치유할 것이라고 느낄 때까지 다른 형제나 자매에게 보여줄 수 있습니다.

그런 편지에 당신의 시간, 에너지와 사랑을 얼마나 들일 건가요? 그리고 이 중요한 과업에서 누가 도와주기를 거절할까요? 당신이 그토록 아끼는 사람과의 소통을 회복하는 것이 중요합니다. 그 상대는 당신의 아버지, 어머니, 딸이나 파트너일 수 있습니다. 바로 당신 옆에 앉아 있는 사람일 수도 있지요.

정토의 회복

두 사람의 관계 초기에는, 상대가 당신을 사랑하고 돌봐주겠다고 약속했지만 지금 그 사람은 너무나 멀어졌습니다. 그는 당신을 더 이상 보고 싶어 하지 않습니다. 더 이상 당신의 손을 잡고 함께 걷고 싶어 하지 않아서 당신은 괴롭습니다. 관계가 시작될 때 당신은 천국에 있는 것 같았습니다. 그는 당신과 사랑에 빠졌고 당신은 너무 행복했습니다. 이제 그는 더 이상 당신을 사랑하지 않고 당신을 버린 것 같습니다. 그는 다른 사람, 다른 관계를 찾고 있을지도 모릅니다. 당신의 낙원은 지옥이 되었고 당신은 지옥에서 벗어날 수 없습니다.

그 지옥은 어디에서 옵니까? 누군가가 당신을 지옥에 빠뜨리고 거기에 가둬두고 있나요? 아마도 지옥은 당신의 마음과 생각, 잘못된 인식이 만든 것인지도 모릅니다. 따라서 지옥을 부수고 자신을 자유롭게 할 수 있는 것은 당신의 마음뿐입니다.

마음챙김의 수행, 화를 인지하고 안아주는 수행은, 지옥의 문을 열고 그 지옥을 변화시켜 당신 자신과 상대를 구하고 함께 평화의 땅으로 돌아가게 합니다. 이것은 가능한 일이고 그걸 해낼 수 있는 사람은 바로 당신입니다. 수행하는 당신 친구들은 당연히 자신들의 통찰, 마음챙김의 에너지와 자애를 통해 당신을 지원할 것입니다.

만일 당신이 무사히 관계를 회복해서 상대와 자신이 다시 행복해지면, 당신은 큰일을 한 셈입니다. 모두가 그러한 수행을 더 신뢰하게 되어서 승리를 즐깁니다. 당신은 그들의 도움을 받아서 지옥을 바꾸고 정토를 복원하고 일상에서 평화를 회복할 수 있습니다. 지금 바로 시작할 수 있어요. 당신은 오늘 그 편지를 쓰기 시작할 수 있습니다. 연필 하나와 종이 한 장만 있으면 당신은 수행하며 인간관계를 변화시킬 수 있다는 것을 알게 될 것입니다.

온종일 편지쓰기

앉아 있을 때, 걷기 명상을 하고 있을 때, 일하거나, 청소하거나, 요리하고 있을 때 편지에 대해 생각하지 마십시오. 그렇지만 당신이 하는 모든 일은 그 편지와 관련이 있을 것입니다.

책상에 앉아 글 쓰는 시간은 당신의 느낌을 종이에 적는 때일 뿐입니다. 그러나 당신이 바로 이 순간에만 편지를 쓰는 건 아닙니다. 당신이 야채에 물을 줄 때, 걷기 명상을 할 때, 공동체를 위해 요리할 때도 편지를 쓰는 셈입니다. 이 모든 수행은 당신이 더욱 단단해지고 평화로워지는 데 도움이 됩니다. 여러분이 일으킨 마음챙김과 집중력은 당신 안에 있는 이해와 자비의 씨앗이 자라도록 돕습니다. 당신의 편지가 당신이 하루 종일 생성한 마음챙김에서 올 때, 그것은 멋진 편지가 될 것입니다.

매 순간 아름답게 사십시오

약 15년 전, 제가 미국에 있는 동안 미국의 불교학자가 저를 찾아왔습니다. 그녀는 "선사께서는 정말로 아름다운 시를 쓰십니다. 당신은 상추를 기르는 등의 일을 하시는 데 많은 시간을 할애합니다. 왜 시를 쓰는 데 더 시간을 쏟지 않으세요?" 그녀는 제가 야채를 재배하고 오이와 상추를 돌보는 것을 좋아한다는 것을 어딘가에서 읽은 모양입니다. 그녀는 실용적으로 생각해서, 저에게 정원에서 일하는 데 시간을 낭비하지 말고 그 시간을 시 쓰는 데 써야 한다고 제안한 것입니다.

저는 "사랑하는 친구여, 내가 상추를 기르지 않았다면, 나는 이렇게 시를 쓰지 못했을 거예요"라고 대답했습니다. 이것이 진실입니다. 당신이 마음챙김으로써 집중하지 못하고, 일상의 매 순간을 깊이 살지 않으면, 글을 쓸 수 없습니다. 당신은 다른 사람에게 가치 있는 그 어떤 것도 만들어 제공할 수가 없습니다.

시는 당신이 사람들에게 바치는 꽃입니다. 자비로운 눈빛, 미소, 자애로 가득한 행동도 마음챙김과 집중력이라는 나무에 피는 한 송이 꽃입니다. 가족을 위해 점심을 준비하는 동안 시 쓰기를 생각하지 않아도 시는 써지고 있습니다. 내가 짧은 이야기, 소설, 희곡을 쓰는 경우 완성하는 데 일주일에서 몇 주가 걸릴 수 있습니다. 그러나 이야기나 소설은 항상 거기에 있습니다. 마찬가지로 사랑하는 사람에게 쓸 편지를 생각하지 않고 있지만, 그 편지는 의식 깊은 곳에서 써지고 있습니다.

마냥 앉아서 이야기나 소설을 쓸 수는 없습니다. 다른 일도 해야 하니까요. 차 마시고, 아침을 준비하고, 옷을 빨고, 야채에 물을 주어야 합니다. 이러한 일을 하면서 보낸 시간은 정말 중요합니다. 당신은 그 일들을 잘 해내야 합니다. 요리하고, 채소밭에 물주고, 설거지를 하는 일에 스스로를 100% 쏟아부어야 합니다. 당신은 무엇을 하든 즐기고, 또 깊이 행하면 됩니다. 이것은 당신의 이야기, 당신의 편지, 또는 당신이 하고자 하는 모든 것에 매우 중요합니다.

깨달음은 설거지나 상추 재배와 별개가 아닙니다. 수행이란 바로 깊은 마음챙김과 집중으로 일상의 매 순간을 사는 방법을 배우는 것입니다. 예술 작품의 구상과 전개는 정확하게 우리 일상의 바로 이 순간에 일어납니다. 작곡하고 시를 쓰기 시작하는 시간은 아기를 낳는 순간과 같습니다. 아기를 낳자면 아기가 이미 당신 안에 있어야 합니다. 그러나 아기가 당신 안에 없다면 책상 앞에 몇 시간을 앉아 있어도 분만도 생산도 불가능합니다. 당신의 통찰과 자비심, 상대의 마음을 움직이는 글쓰기 능력은 당신의 수행 나무에 피는 꽃입니다. 이러한 통찰과 자비가 활짝 피어나도록 우리는 일상의 매 순간을 잘 활용해야 합니다.

변화의 선물

아기를 밴 어머니는 자기 뱃속에 있는 아기를 생각할 때마다 매우 행복해집니다. 아기는 아직 태어나지 않았어도 어머니에게 많은 기쁨을 줄 수 있습니다. 그녀는 일상의 매 순간 아기의 존재를 자각하고 모든 일을 사랑으로 합니다. 그녀는 사랑으로 먹고 사랑으로 마십니다. 사랑 없이는 아기가 건강하지 않을 수 있다는 것을 알아서 그렇습니다. 그녀는 늘 극히 조심합니다. 실수하고, 담배를 많이 피우고, 술을 많이 마시면 이것이 아기에게 좋지 않다는 것을 그녀는 알고 있습니다. 그래서 그녀는 아주 깊이 마음챙김을 하고 사랑의 마음으로 살아갑니다.

수행자도 정말로 어머니처럼 행동해야 합니다. 우리가 뭔가를 생산하고 싶고 인류와 세상에 뭔가를 주고 싶어 한다는 것을 우리는 압니다. 우리 각자는 자기 안에 아기, 즉 아기 부처님을 품고 있습니다. 우리가 줄 수 있는 것은 우리 안의 아기 부처님입니다. 우리는 아기 부처님을 잘 돌보기 위해 마음챙김 속에서 살아가야 합니다.

진정한 사랑의 편지를 쓰고 다른 사람과 화해를 가능하게 하는 것은, 우리 안에 있는 부처님의 에너지입니다. 진실한 사랑의 편지는 통찰, 이해심, 자비로 써야 합니다. 그렇지 않으면 사랑의 편지가 아닙니다. 진정한 사랑의 편지는 다른 사람 안에, 그래서 세상에 변화를 만들 수 있습니다. 그러나 그것이 다른 사람을 변화시키기 전, 당신 안에 먼저 변화가 일어나야 합니다. 당신이 편지를 쓰는 시간은 당신의 평생일지도 모릅니다.

부록 A

플럼빌리지에서는 공동체 전원이 참석하는 의식에서 커플, 가족 또는 친구가 종종 이 협정에 서명합니다. 상황에 따라서 사용하기 편하게 수정할 수 있습니다. 마지막에 불교적인 언급이 있지만 자신의 영적 전통에 맞게 자유롭게 변경해도 됩니다.

평화 협정

우리가 함께 오래오래 행복하게 살기 위해, 우리의 사랑과 이해를 지속적으로 발전시키고 심화시키기 위해, 아래 서명자는 다음을 준수하고 실천할 것을 서약합니다.

화가 나 있는 본인은 이하에 동의합니다.
1. 더 큰 상처를 주거나 화를 고조시킬 수 있는 언동을 삼간다.
2. 나 자신의 화를 억누르지 않는다.

3. 마음챙김 호흡을 수행하고, 자기 자신으로 돌아가서 화를 돌본다.

4. 나를 화나게 한 상대에 대하여, 24시간 내 구두 또는 평화 노트를 통해서, 나 자신의 화와 고통에 대해 차분하게 전한다.

5. 구두 또는 메모로써, 그 주의 후반(예를 들면 금요일 저녁), 이 사안을 더 철저하게 논의하기 위해 시간을 약속하는 것이 좋겠다고 제의한다.

6. "나는 화나지 않았어. 괜찮아, 괴롭지 않아. 화낼 일이 없어" 라고 말하지 않는다.

7. 자신의 일상생활을 깊이 들여다보아서, 앉아 있을 때, 걷고 있을 때, 누워 있을 때, 일하고 있을 때, 운전하고 있을 때 다음과 같은 사실에 대해 반성한다.

나 자신도 미숙했던 때가 있었다는 것.

내 습관 에너지 때문에 상대에게 상처를 입혔다는 것.

내 안에 있는 강한 분노의 씨앗이 내 분노의 주요 원인이었 다는 것.

상대는 분노의 2차적 원인에 불과했다는 것.

상대도 자기 자신의 고통에서 벗어나려고만 했다는 것.

상대가 괴로운 한, 나도 진정으로 행복할 수 없다는 것.

8. 나의 미숙함과 마음챙김의 결여를 깨닫자마자 금요일의 약속을 기다리지 않고 즉시 사과한다.

9. 상대를 만날 수 있을 만큼 마음이 차분하지 않다고 느낀다면, 금요일의 만남을 연기한다.

상대를 화나게 한 자로서 본인은 이하에 동의합니다.

1. 상대의 감정을 존중하고, 그/그녀를 조롱하지 말고, 그/그녀가 진정할 때까지 충분히 기다린다.

2. 즉각적인 논의를 강요하지 않는다.

3. 상대가 보낸 만남의 요청을 구두나 메모로써 확인하고, 반드시 그 장소에 나갈 것을 약속한다.

4. 사과할 수 있다면 금요일 저녁까지 기다리지 말고 즉시 사과한다.

5. 마음챙김 호흡과 깊은 관찰을 수행해서 다음 사항을 확인한다.

내 속에는 상대를 불행하게 하는 분노나 불친절의 씨앗, 그리고 습관 에너지가 있다는 것.

상대를 괴롭히는 것이 내 괴로움을 덜어줄 거라고 오해했다는 것.

상대를 괴롭히면 자신이 괴롭다는 것.

6. 자신의 미숙함과 마음챙김이 부족함을 깨닫는 즉시, 자신을
   정당화하지도, 금요일까지 기다리지도 말고 사과한다.

   우리는 증인이신 부처님과 승가의 자각적인 입회 아래
   이들 조항을 준수하고
   성심성의를 다해 이것들을 수행할 것을 서약합니다.
   우리를 지켜주시고, 명석함과 자신감을 허락해 주시도록
   우리는 삼보에 귀의합니다.

             이름: _____

             _____년 ____월 ____일

             _____에서

부록 B
5가지 마음챙김 수행법

제1의 마음챙김 수행법: 생명에 대한 경외

나는 생명의 파괴에서 일어나는 고통을 깨달아 자비심을 키울 것을 서원하고, 사람, 동물, 식물 및 광물의 생명을 보호하는 방법을 배울 것을 서원합니다. 나는 생명을 죽이지 않고, 다른 사람이 생명을 죽이지 못하게 하고, 내 생각과 삶의 방식에서 이 세상의 어떤 살생도 용인하지 않기로 결심합니다.

제2의 마음챙김 수행법: 관대함

나는 착취, 사회적 불의, 도적질과 억압이 일으킨 고통을 깨달아, 자애를 기를 것을 서원하고, 사람과 동물과 식물과 광물의 안녕을 위해 일하는 법을 배울 것을 서원합니다. 나는 내 시간, 에너지, 물질적 자원을 실제 도움이 필요한 사람들과 나눔으로써 관대함을 실천할 것을 서원합니다. 남의 것을 훔치지 않고 소유하지 않기로 결심합니다. 나는 다른 사람들의 재산을 존중할 것이지만, 그들이 인간의 고통이나 지구의 다른 종의 고통으로부터 이익을 얻는 것을 막을 것입니다.

제3의 마음챙김 수행법: 성적 책임

나는 성적 부정행위로 인한 고통을 깨달아서, 책임감을 기를 것을 서원하고 개인, 커플, 가족, 사회의 안전과 성실을 보호하는 방법을 배울 것을 서원합니다. 나는 사랑과 장기적인 약속 없이 성관계를 맺지 않기로 결심합니다. 나와 다른 사람들의 행복을 지키기 위해, 나는 나의 약속과 다른 사람들의 약속을 존중하기로 결심합니다. 나는 성적 학대로부터 아동을 보호하고, 성적 부정행위에 의해 커플과 가족이 부서지지 않도록 이들을 보호하기 위해 나의 온 힘을 바칠 것입니다.

제4의 마음챙김 수행법: 깊은 경청과 사랑의 말

나는 내가 무심코 한 말과 타인을 경청하지 못해서 일으킨 고통을 깨달아서, 사랑의 말과 깊은 경청을 닦아 다른 사람에게 기쁨과 행복을 주고 그들의 고통을 덜어주기를 서원합니다. 말이 행복이나 고통을 줄 수 있음을 알아서, 자신감과 기쁨, 희망을 주는 말로 진실하게 말하는 법을 배우겠다고 서원합니다. 진위를 잘 모르는 뉴스를 퍼뜨리지 않기로, 그리고 내가 분명히 모르는 일에 대해 비판하거나 비난하지 않기로 결심합니다. 분열이나 불화를 일으키는 말, 가정이나 지역사회를 쪼갤수 있는 말은 삼가겠습니다. 나는 아무리 작은 갈등이라도 화해하고 해결하기 위해 모든 노력을 하겠습니다.

제5의 마음챙김 수행법: 마음챙김 소비

나는 무분별한 소비로 인한 고통을 생각해서, 마음챙김을 하면서 먹고 마시고 소비함으로써 나와 내 가족과 사회를 위해 심신 양면의 건강을 증진할 것을 서원합니다. 나는 나의 몸과 의식 속에서, 그리고 내 가족과 공동체가 가진 집단적인 몸과 의식 속에서 평화, 안녕, 기쁨을 보존하는 음식물만을 섭취할 것을 서원합니다. 나는 알코올이나 다른 마약을 섭취하지 않기로, 그리고 독성이 있는 음식이나 특정한 TV 프로그램, 잡지, 책, 영화, 대화 같은 것도 섭취하지 않기로 결심합니다. 이 독으로 내 몸과 의식을 손상하는 것은 조상, 부모, 사회, 미래 세대를 배신하는 것임을 알고 있습니다. 나 자신과 사회를 위한 식단을 실천하여 나 자신과 사회 내의 폭력, 공포, 분노, 혼란을 변화시키기 위해 노력하겠습니다. 나는 적절한 식단이 자기 변화와 사회의 변화에 중요하다는 것을 이해합니다.

제1의 마음챙김 수행법: 생명 존중

나는 생명의 파괴로 일어난 고통을 깨달아, 상호존재의 통찰과 자비를 기르기를, 그리고 사람, 동물, 식물, 광물의 생명을 보호하는 방법을 배우기로 약속합니다. 나는 죽이지 않고, 다른 사람도 죽이지 못하도록 하겠다고, 세계 안에 그리고 나의 사고방식이나 나의 생활방식에 있어서 어떠한 살생도 지지하지 않겠다고 결심합니다. 해로운 행위가 분노, 두려움, 탐욕, 불관용에서 일어나고, 이것들은 이분법적, 차별적 사고에서 비롯된다는 사실을 인식하고서, 나는 내 자신과 세상에 있는 폭력, 광신주의, 독단주의를 바꾸기 위해, 개방성, 무차별, 견해에 대한 무집착을 기릅니다.

제2의 마음챙김 수행법: 진정한 행복

나는 착취, 사회적 부정의, 도둑질, 억압으로 일어나는 고통을 깨달아, 생각, 말, 행동에서 관대함을 실천하기를 약속합니다. 나는 남의 것을 훔치지도 가지지도 않겠다고 결심합니다. 그

228

리고 나는 내 시간, 에너지, 물적 자원을 어려운 사람들과 나누겠습니다. 나는 깊이 들여다보는 연습을 해서, 다른 사람의 행복과 고통은 내 자신의 행복과 고통과 별개가 아니라는 사실, 진정한 행복은 이해와 자비 없이는 불가능하다는 사실, 그리고 부, 명성, 권력, 감각적 쾌락을 좇아다니는 것은 많은 고통과 절망을 가져올 수 있다는 사실을 깨닫겠습니다. 나는 행복이 외적 조건이 아닌 내 마음가짐에 달려 있다는 사실, 그리고 나는 행복할 수 있는 조건이 이미 충분하다는 것을 상기하는 것만으로도 지금 이 순간을 행복하게 살 수 있다는 사실을 자각하고 있습니다. 나는 지구 위 생명체의 고통을 줄이고 기후 변화에로의 원인 제공을 멈출 수 있도록, 바른 생업을 행하기를 약속합니다.

제3의 마음챙김 수행법: 진정한 사랑

성적 부정행위로 인한 고통을 깨달아, 나는 책임감을 기르기를, 그리고 개인, 연인, 가족 및 사회의 안전과 성실성을 보호하는 방법을 배우는 데 최선을 다하기를 약속합니다. 나는 성욕은 사랑이 아니며, 갈망에 의한 성행위는 항상 자신과 타인에게 해를 끼친다는 사실을 알고 있으므로, 상호 동의, 진정한 사랑과 깊고 장기적인 약속 없이는 성적 관계를 갖지 않겠다고 결심합니다. 우리는 지지와 신뢰가 있는 가족, 친구, 승가로부터 관계의 진실성을 위한 영적 지원을 받기로 결심합니다. 나는 아동을 성적 학대로부터 보호하고, 성적 부정행위로 인해 연인과 가족이 무너지는 일이 없도록 최선을 다하겠습니다. 몸과 마음이 서로 연결되어 있음을 알아서, 나는 나의 성에너지를 관리하는 적절한 방법을 배우기를, 그리고 나와 타인의 더 큰 행복을 위해, 참된 사랑의 네 가지 기본 요소인 자애, 자비, 기쁨, 포용성을 기르기를 약속합니다. 인간 경험의 다양성을 인정하며, 나는 어떤 형태의 성 정체성이나 성적 지향도 차별하지 않을 것임을 약속합니다. 우리가 진정한 사랑을 행하면, 미래에까지 아름답게 계속 살아갈 것임을 알고 있습니다.

제4의 마음챙김 수행법: 사랑의 말과 경청

나는 부주의한 말과 다른 사람의 말을 경청할 수 없는 데서 오는 고통을 깨달아, 사랑의 말과 자비로운 경청을 길러서 고통을 덜어주고, 내 안에서, 그리고 사람들 사이, 인종·종교적 집단 간 그리고 국가 간의 화해와 평화를 촉진하기를 약속합니다. 나는 말이 행복이나 고통을 낳을 수 있음을 알고 있으므로, 자신감, 기쁨, 희망을 불러일으키는 말을 사용해서 진실하게 말하기를 약속합니다. 화가 내 안에 나타나면 나는 말하지 않기로 결심합니다. 나는 마음챙김 호흡과 보행을 해서 내 화를 인지하고 그것을 깊이 들여다보겠습니다. 나는 화의 뿌리가 나와 다른 사람 안에 있는 고통에 대한 나의 잘못된 인식과 이해의 부족에 있음을 압니다. 나는 자신과 상대방이 고통을 바꾸고 어려운 상황에서 벗어나는 길을 찾도록 말하고 경청할 것입니다. 나는 확실하지 않은 소식을 퍼뜨리지 않고 분열과 불화를 일으킬 수 있는 말을 하지 않겠다고 결심합니다. 나는 바른 정진(正精進)을 실천하여, 이해·사랑·기쁨·포용에 대한 능력을 기르고, 내 의식 깊은 곳에 있는 화, 폭력, 두려움을 서서히 바꾸어 가겠습니다.

제5의 마음챙김 수행법: 자양분과 치유

나는 무분별한 소비로 인한 고통을 깨달아, 마음챙김으로 먹고 마시고 소비함으로써, 내 자신, 가족, 사회를 위해 신체적, 정신적 건강을 기르기를 약속합니다. 사식四食, 곧 먹는 음식인 단식段食, 감각의 음식인 촉식觸食, 의도라는 의사식意思食, 의식이라는 식식識食을 내가 섭취하는 방식을 깊이 들여다보는 수행을 하겠습니다. 나는 도박을 하지 않을 것이고, 알코올, 약물 그리고 다른 모든 제품—특정 웹사이트, 전자 게임, TV 프로

그램, 영화, 잡지, 책, 대화 등 독소를 가지고 있는 모든 다른 제품—을 사용하지 않기로 결심합니다. 나는 지금 이 순간으로 되돌아가는 수행을 해서, 내 안팎에 있는 신선하고 치유적이며 영양을 주는 요소와 접촉해서, 후회와 슬픔이 나를 과거로 끌고 가지 않도록, 불안, 두려움, 갈망이 나를 지금 이 순간으로부터 끌어내지 않도록 할 것입니다. 나는 소비에 빠져서 외로움, 불안, 또는 다른 괴로움을 감추려 하지 않겠다고 결심합니다. 나는 상호존재를 숙고하며, 내 몸과 의식 안에서, 그리고 가족·사회·지구라는 집단적 몸과 집단적 의식 안에서 평화와 기쁨, 안녕을 보존하는 방식으로 소비하겠습니다.

부록 C
화를 깊이 들여다보고 해소하기 위한 유도 명상

화를 바꾸기 위해서는, 이들 유도 명상이 당신이 배운 가르침들을 실천하는 데 도움이 될 수 있습니다. 스스로 조용히 자신을 안내하거나, 누군가에게 명상을 지도하게 해서 연습 사항을 큰 소리로 읽게 할 수도 있습니다.

"숨을 들이쉬면서 나는 숨을 들이쉬고 있음을 압니다. 숨을 내쉬면서 나는 숨을 내쉬는 것을 압니다." 다음에는 "안으로, 바깥으로"라는 키워드를 사용하세요. 당신은 마음을 고요히 하기 위해 항상 수 분 동안의 마음챙김의 호흡으로 시작해야 합니다. 들이쉬면서 '안으로'라는 키워드를 사용하고, 내쉬면서 '바깥으로'라는 키워드를 사용하십시오. 명상의 의미를 실제로 접하기 위해 들숨, 날숨과 함께 이 키워드를 조용히 반복하십시오. 이 말을 기계적으로 사용하는 것은 피하십시오. 대신 체험하고 구체적으로 느끼십시오. 각 동작에 대해 8~10회의 들숨과 날숨을 허용하고, 각 들숨과 날숨 동안 '안으로', '바깥으로'라는 키워드를 잘 살려두십시오.

화를 깊이 들여다보기

1. 화난 사람을 생각하면서   화난 사람
   숨을 들이쉰다.
   그 사람의 괴로움을 보면서   고통
   숨을 내쉰다.

2. 화가 자신과 상대에게 끼치는   화는 자신과
   피해를 생각하면서   상대를 해친다
   숨을 들이쉰다.
   화가 행복을 태우고   행복을 파괴한다
   파괴하는 것을 보고
   숨을 내쉰다.

3. 내 몸 안에 있는 화의 뿌리를 보고   내 몸에 있는 화의 뿌리
   숨을 들이쉰다.
   분노의 뿌리가 내 의식에 있음을   의식에 있는 분노의 뿌리
   보고, 숨을 내쉰다.

4. 잘못된 인식과 무지 안에 있는   잘못된 인식과
   화의 뿌리를 보고   무지에 있는 화의 뿌리

234

숨을 들이쉰다.
내 잘못된 인식과 무지에   미소 짓는다
미소 지으며
숨을 내쉰다.

5. 화난 사람이   화난 사람은
   괴로워하는 걸 보고 숨을 들이쉰다.   고통을 느낀다
   화난 사람이 괴로워하는 것을 보고
   자비를 느끼며,   자비를 느낀다
   숨을 내쉰다.

6. 불리한 환경과   화난 사람은
   화난 사람의   불행하다
   불행을 보고
   숨을 들이쉰다.
   이 불행의 원인을 이해하고   불행을 이해함
   숨을 내쉰다.

7. 화의 불에 타버린   화로 타버린다
   나를 보며 숨을 들이쉰다.
   화로 타오르는 나 자신에 대해   나 자신에 대한

자비심을 느끼며   자비심
숨을 내쉰다.

8. 화가 나를 추하게 만든다는 것을   화를 내면 추해진다
   알고 나는 숨을 들이쉰다.
   내 추함의 가장 큰 주요 원인을   내가 나의 추함을
   나 자신으로 보고   일으킨다
   숨을 내쉰다.

9. 내가 화나면 내가   나는 불타는 집
   불타는 집임을 보고, 숨을 들이쉰다.
   나의 화를 돌보고   내 자신을 돌본다
   나 자신으로 돌아가면서
   숨을 내쉰다.

10. 화난 사람을 도울 것을   화난 사람을 돕는다
    생각하면서, 숨을 들이쉰다.
    자신이 화난 사람을   도와줄 수 있다
    도울 수 있다고 보고,
    숨을 내쉰다.

화를 놓아주고 부모님과의 관계를 치유하는 명상

1. 나를 다섯 살의 아이로 보고   다섯 살의 나
   숨을 들이쉰다.
   다섯 살의 아이에게 미소 지으며   미소 짓는다
   숨을 내쉰다.

2. 다섯 살의 아이를   연약한 다섯 살
   연약하고 다치기 쉬운 존재로 보고,
   숨을 들이쉰다.
   내 안의 다섯 살의 아이에게   사랑으로 미소 짓는다
   사랑으로 웃으며 숨을 내쉰다.

3. 아버지를 다섯 살 아이로 보며   다섯 살의 아버지
   숨을 들이쉰다.
   다섯 살의 아이인   미소 짓는다
   아버지에게 미소 지으며
   숨을 내쉰다.

4. 다섯 살의   연약하고 다치기 쉬운
   아버지를 연약하고   아버지

다치기 쉽다고 보면서
나는 숨을 들이쉰다.
다섯 살의 소년인   사랑과 이해로써
아버지에게 사랑과 이해로써   미소 짓는다
미소 짓는다.
숨을 내쉰다.

5. 어머니를 다섯 살의 소녀로 보며   다섯 살의 어머니
   숨을 들이쉰다.
   다섯 살의 소녀인   미소 짓는다
   어머니에게 웃으며
   숨을 내쉰다.

6. 다섯 살의 어머니를   연약하고 다치기 쉬운
   연약하고 다치기 쉽다고 보며   어머니
   숨을 들이쉰다.
   다섯 살의 소녀인   사랑과 이해로써
   어머니에게   미소 짓는다
   사랑과 이해로써 미소 지으며
   숨을 내쉰다.

7. 고통받는 아버지를 아이로 보며   아이로서
   숨을 들이쉰다.   고통받는 아버지
   고통받는 어머니를 아이로 보며   아이로서
   숨을 내쉰다.   고통받는 어머니

8. 내 안에 계신 아버지를 보고   내 안에 계신 아버지
   숨을 들이쉰다.
   내 안의 아버지께 미소 지으며   미소 짓는다
   숨을 내쉰다.

9. 내 안에 계신 어머니를 보고   내 안에 계신 어머니
   숨을 들이쉰다.
   내 안의 어머니께 미소 지으며   미소 짓는다
   숨을 내쉰다.

10. 내 안에 계신 아버지의   내 안에 있는
    어려움을 이해하며   아버지의 어려움
    숨을 들이쉰다.
    내 아버지와 나를 놓아주기 위해   아버지와 나
    노력하기로 결심하며,   놓아주기
    숨을 내쉰다.

11. 내 안에 계신 어머니의   내 안의
    어려움을 이해하며   어머니의 어려움
    숨을 들이쉰다.
    내 어머니와 나를 놓아주기 위해   어머니와 나
    노력하기로 결심하며   놓아주기
    숨을 내쉰다.

부록 D
깊은 이완

이것은 긴장을 깊이 풀어주는 이완으로 자신이나 상대를 안내하는 하나의 사례입니다. 몸을 편히 쉬게 하는 것은 매우 중요합니다. 몸이 편안하고 편해지면, 마음도 평화로워집니다. 깊은 이완 수행은 몸과 마음이 치유되는 데 필수적입니다. 시간을 내서 자주 실천해 주세요. 다음에 나오는 깊은 이완 지침은 30분이 소요될 수 있지만 당신의 사정에 맞게 자유롭게 수정하십시오. 아침에 일어났을 때, 저녁에 잠자리에 들기 전 또는 바쁜 하루 중 짧은 휴식 시간에 5분이나 10분 정도로 짧게 할 수 있습니다. 더 길고 깊이 있게 만들 수도 있습니다. 가장 중요한 것은 그것을 즐기는 것입니다.

바닥이나 침대에 등을 대고 편안하게 눕습니다. 눈을 감으세요. 팔을 몸의 양쪽에 부드럽게 놓고 다리의 힘을 빼고 다리를 바깥쪽으로 향하게 하세요.

숨을 들이쉬고 내쉬면서 누워 있는 전신을 느끼십시오. 마룻

바닥이나 누워 있는 침대에 닿는 신체의 모든 부분을 느껴보십시오. 발뒤꿈치, 다리 뒤쪽, 엉덩이, 등, 손과 팔 뒤쪽, 머리 뒤쪽을 느껴보십시오. 숨을 내쉴 때마다 자신이 마룻바닥에 점점 더 깊이 빠져드는 것을 느끼십시오. 긴장을 풀고, 걱정을 내려놓고, 모든 것을 내려놓으세요.

숨을 들이마실 때 복부가 올라오는 것을 느끼고, 내쉴 때 복부가 내려가는 것을 느끼십시오. 여러 번 호흡할 때 복부의 오름과 내림을 꼭 알아차리세요

이제 숨을 들이쉬면서 두 발을 느껴보세요. 숨을 내쉴 때 두 발의 힘을 풀어보십시오. 숨을 들이쉬면서 발에 사랑을 보내고, 내쉬면서 발에 미소를 지으세요. 숨을 들이쉬고 내쉴 때, 두 발이 있어서 걷고, 달리고, 운동하고, 춤추고, 운전하고, 하루 종일 많은 활동이 가능한 것이 얼마나 멋진지 알게 됩니다. 필요할 때마다 항상 거기에 있는 두 발에 감사의 느낌을 전하세요.

숨을 들이쉬면서 오른쪽 다리와 왼쪽 다리를 느끼십시오. 숨을 내쉬면서 다리의 모든 세포가 이완되도록 하십시오. 숨을 들이쉬면서 다리에 미소를 짓고 숨을 내쉬면서 사랑을 보내십시오. 당신의 다리에 있는 모든 힘이나 건강에 대해 감사하십시오. 숨을 들이쉬고 내쉴 때 부드러움과 보살핌을 보내십시오. 그것들이 바닥에 부드럽게 가라앉도록 쉬게 하십시오. 당

신이 다리에 힘주고 있는 모든 긴장을 풀어주세요.

숨을 들이쉬면서 마루 위에 있는 양손을 느끼세요. 숨을 내쉬면서 양손의 모든 근육의 힘을 빼고, 모든 긴장감을 놓으세요. 숨을 들이쉬면서 두 손이 있음이 얼마나 놀라운 일인지 감사하고, 숨을 내쉬면서 양손에 사랑의 미소를 보내세요. 숨을 들이쉬고 내쉬면서 양손으로 가능한 모든 것을 접하세요.— 요리하고, 글 쓰고, 운전하고, 다른 사람의 손을 잡고, 아기를 안고, 몸을 씻고, 그림 그리고, 악기를 연주하고, 타이프를 치고, 물건을 만들고 수리하고, 동물을 쓰다듬고, 찻잔을 드는 일 — 두 손 덕분에 가능한 일이 이렇게 많습니다. 양손이 있다는 것을 즐기고, 당신 손의 모든 세포를 완전히 쉬게 하세요.

숨을 들이쉬면서 두 팔을 느끼세요. 숨을 내쉬면서 팔이 완전히 풀어지도록 하세요. 숨을 들이쉬면서 팔에 사랑을 보내고 숨을 내쉬면서 팔에 미소를 보내세요. 시간을 내어 당신의 팔과 당신의 팔에 있는 어떤 크기의 힘과 건강이라도 이에 감사하십시오. 팔 덕분에 상대를 껴안고, 그네를 타고, 상대를 돕고 봉사하며, 집 청소, 잔디 깎기, 하루 종일 많은 일을 하는 등 열심히 일할 수 있게 된 것에 대해 감사함을 보내세요. 숨을 들이쉬고 내쉬면서 두 팔을 풀어서 완전히 바닥에 쉬게 하세요. 숨을 내쉴 때마다 팔에서 긴장감이 나가는 것을 느끼세요. 마음챙김으로써 팔을 안아줄 때 두 팔의 모든 부분에서 기쁨과 편안함을 느끼세요.

숨을 들이쉬면서 어깨를 느끼세요. 숨을 내쉬면서 어깨의 긴장이 마루바닥으로 흘러 들어가도록 하십시오. 숨을 들이쉬면서 어깨에 사랑을 보내고, 숨을 내쉬면서 어깨에 감사의 미소를 지으십시오. 숨을 들이쉬고 내쉬면서, 당신이 어깨에 많은 긴장과 스트레스가 쌓이게 했음을 느끼세요. 숨을 내쉴 때마다 어깨에서 긴장이 풀리도록 하여 점점 더 깊이 풀어지는 느낌을 가지세요. 어깨에 너무 큰 부담을 주는 대신 힘을 빼고 편안하게 생활하도록, 어깨에 부드러움과 보살핌을 보내십시오.

숨을 들이쉬면서 심장을 느끼세요. 숨을 내쉬면서 심장을 쉬게 하십시오. 숨을 들이쉬면서 심장에 사랑을 전하세요. 숨을 내쉬면서 심장에 미소를 지으세요. 숨을 들이쉬고 내쉬면서, 당신 가슴에서 여전히 심장이 뛰는 것이 얼마나 멋진 일인지 접해보세요. 당신의 심장은 당신의 생명을 살려주고, 항상 당신을 위해, 매 순간, 매일 거기에 있습니다. 쉬는 법이 없습니다. 당신의 심장은 어머니 뱃속에서 4주 된 태아일 때부터 뛰고 있습니다. 그것은 당신이 종일토록 하는 모든 것을 할 수 있게 해주는 놀라운 기관입니다. 숨을 들이쉬면서 당신의 심장도 당신을 사랑한다는 것을 아십시오. 숨을 내쉬면서 심장이 잘 작동되는 방식으로 살아가기로 결심하십시오. 숨을 내쉴 때마다 심장이 점점 더 편안해지는 것을 느끼십시오. 심장

244

세포 하나하나가 편안하고 즐겁게 미소 지을 수 있도록 하십시오.

숨을 들이쉬면서 위와 장을 느끼세요. 숨을 내쉬면서 위와 장의 힘을 빼세요. 숨을 들이쉬면서 그것들에 사랑과 감사를 전하십시오. 숨을 내쉬면서 그것들에 부드럽게 미소를 지으십시오. 숨을 들이쉬고 내쉬면서 당신 건강에 이 기관들이 얼마나 중요한지 아십시오. 그것들에 푹 쉴 수 있는 기회를 주십시오. 매일, 위와 장은 당신이 먹는 음식을 소화, 흡수해서 에너지와 체력을 줍니다. 그것들도 수시로 인정받고 감사받기를 원합니다. 숨을 들이쉬면서 위와 장이 힘을 빼는 것을, 모든 긴장을 푸는 것을 느끼십시오. 숨을 내쉬면서 위와 장이 있다는 사실을 즐기십시오.

숨을 들이쉬면서 눈을 자각하세요. 숨을 내쉬면서 눈과 눈 주위의 근육이 쉬게 하십시오. 숨을 들이쉬면서 눈에 미소를 지어주고 숨을 내쉬면서 두 눈에 사랑을 보내세요. 눈동자를 쉬게 하고 머리 깊이 들어가게 하십시오. 숨을 들이쉬고 내쉬면서 두 눈이 얼마나 소중한지 아십시오. 이렇게 두 눈 덕분에 당신은 사랑하는 사람의 눈을 들여다볼 수 있고, 아름다운 일몰을 볼 수 있으며, 읽고 쓰고, 쉽게 돌아다니고, 하늘을 나는 새를 보고, 영화를 볼 수 있습니다. 두 눈 덕분에 수많은 일을 할 수 있습니다. 시간을 들여서 시각의 선물에 감사하고 눈을 푹 쉬게 하십시오. 눈썹을 부드럽게 올리면 당신이 만든 눈 주위의 긴장을 풀 수 있습니다.

몸의 다른 부위에 대해서도 같은 패턴을 사용하여 편히 쉬게 할 수 있습니다.

이제 몸에 아픔과 고통이 있다면 이번에는 그 부위를 알아차리고 사랑을 전하세요. 숨을 들이쉬면서 그 부위를 쉬게 하고, 숨을 내쉬면서 큰 부드러움과 애정으로 그 부위에 미소를 보내세요. 여전히 건강한 신체의 다른 부위가 있음을 알아채세요. 이렇게 신체의 강한 부위들이 그것들의 힘과 에너지를 약하거나 아픈 부위에 보낼 수 있도록 하십시오. 신체의 강한 부위에서 오는 지원, 에너지, 사랑이 신체의 약한 부분으로 들어가서 그것을 위로하고 치유하는 것을 느끼십시오. 숨을 들이쉬면서 자신이 가진 치유력을 확인하고, 숨을 내쉬면서 몸 안에 있는 걱정이나 두려움을 내보내세요. 숨을 들이쉬고 내쉬면서 건강하지 못한 신체 부위에 사랑과 자신감을 가지고 미소를 보내세요.

마지막으로 숨을 들이쉬면서 누워 있는 온몸을 자각하십시오. 숨을 내쉬면서 온몸이 누워 있다는 느낌, 매우 편안하고 고요한 그 느낌을 즐기십시오. 숨을 들이쉬면서 온몸에 미소를 보내고, 숨을 내쉬면서 온몸에 사랑과 자비심을 보내십시오. 온몸의 모든 세포가 당신과 함께 즐겁게 웃고 있는 것을 느껴 보세요. 온몸의 모든 세포에 감사함을 느끼십시오. 복부의 부드러운 상승과 하강으로 돌아가십시오.

당신이 다른 사람들을 인도하고, 그렇게 하는 것이 편하다면, 이제 편안한 노래나 자장가 몇 곡을 부를 수 있습니다.

끝내려면 천천히 스트레칭하고 눈을 뜨십시오. 천천히 조용히 가뿐하게 일어나십시오. 당신이 마음챙김을 통해 생성한 고요한 에너지를 당신의 다음 행동에, 하루종일 보내는 실천을 하십시오.

옮긴이 허우성

경희대학교 철학과 명예교수 및 비폭력연구소 소장이다. 서울대학교 철학과 및 동 대학원 철학과를 졸업하고, 미국 하와이대학교 대학원에서 철학전공 박사학위를 취득했으며, 미국 뉴욕 주립대학교 객원교수(1998), 일본 교토대학교 종교학 세미나 연구원, 도쿄대학교 외국인연구원, 미국 UC버클리대학교 방문교수, 한국일본사상사학회 회장, 『불교평론』 편집위원장을 역임했다. 저서로 『근대 일본의 두 얼굴: 니시다 철학』, 『간디의 진리실험 이야기』, 『西田哲学研究: 近代日本の二つの顔』(일본 岩波, 2022) 등이 있고, 역서로 『마하트마 간디의 도덕·정치사상』(3권), 『인도사상사』, 『초기불교의 역동적 심리학』, 『표정의 심리학』(공역), 『달라이 라마의 정치철학』(공역), 『틱낫한 인터빙』(공역, 근간) 등이 있다.

옮긴이 허주형

캐나다 퀸즈대학교 심리학과 박사과정의 비교문화심리 분야에서 도덕성 및 인지적 편향 등을 연구했다. 미국 UC버클리대학교 심리학과를 졸업하고 서강대학교 대학원에서 심리학으로 석사학위를 받았다. 역서로 『표정의 심리학』(공역), 『달라이 라마의 정치철학』(공역), 『틱낫한 인터빙』(공역, 근간)이 있다.

지은이 틱낫한 Thich Nhat Hanh

1926년 베트남에서 태어나, 열여섯 살에 출가하여 승려가 되었다. 1961년 미국으로 건너가 프린스턴대학교와 컬럼비아대학교에서 비교종교학을 공부하였다. 이후 베트남 전쟁이 발발하자 전 세계를 돌며 반전평화운동을 전개하였고, 이로 인해 베트남 정부로부터 귀국 금지 조치를 당했다.

그는 불교의 사회적 실천과 불교를 서양에 알리는 데 앞장섰으며, 고국인 베트남의 현실을 외면하지 않고 수많은 보트피플을 구출하였다.

1982년 프랑스 보르도 근처에 플럼빌리지(Plum Village)라는 명상 공동체를 세워, 출가자는 물론이고 일반인들도 수행할 수 있게 하였다. 이는 전 세계적인 명상 공동체로 발전하였고, 이 수행 전통을 따르는 수많은 수행 공동체가 전 세계에 개설되었다.

특별한 시대에 특별한 삶을 살았던 그는, 마음챙김 수행의 전통과 100여 권이 넘는 저술을 남기고, 2022년 1월 96세를 일기로 입적하였다.

화 : 마음의 불꽃을 식히는 지혜

초판 1쇄 발행 2024년 8월 26일 | **초판 2쇄 발행** 2025년 5월 30일
지은이 틱낫한 스님 | 옮긴이 허우성, 허주형 | **펴낸이** 김시열
펴낸곳 도서출판 운주사

(02832) 서울시 성북구 동소문로 67-1 성심빌딩 3층

전화 (02) 926-8361 | 팩스 0505-115-8361

ISBN 978-89-5746-784-8 03220   값 15,000원

http://cafe.daum.net/unjubooks 〈다음카페: 도서출판 운주사〉

2001년판 원서에 실린 틱낫한 스님에 대한 찬사

그는 개인적·내면적 평화와 지구상의 평화, 양자의 관계를
우리에게 보여주고 있다.
제14대 달라이 라마

틱낫한은 거룩한 사람이다. 겸손하고 신심이 깊은 사람이어서다.
그는 엄청난 지적 능력을 지닌 학자이기도 하다. 평화에 대한 그의
아이디어들은 실제 적용된다면, 세계의 형제애와 인류를 위해
에큐메니즘의 기념비가 될 것이다.
마틴 루터 킹 주니어, 틱낫한을 노벨 평화상 후보로 지명하면서

우리 시대의 최고 스승의 한 분
로버트 서먼

틱낫한은 진정한 시인이다.
로버트 로웰

그는 엄청난 존재감 그리고 개인적 권위와 불교적 권위 모두를 가지고
있다. 만일 오늘날 지구에서 살아 있는 부처님의 후보가 있다면,
그는 틱낫한일 것이다.
로버트 베이커

틱낫한은 부처님의 목소리로 글을 쓰는 분이다.
소걀 린포체

틱낫한은 인종과 국적에서 나와 가까운 사람들보다 더 친근한 형제다.
그와 나는 사물을 정확하게 같은 방식으로 보기 때문이다.
토마스 머톤